Sigrid Hornstein

Anziehungskraft Mann Frau und sich verlieben

Das Kennenlernen, die wahre Liebe und die 5 Fehler
die Frau unbedingt vermeiden sollte!

Ratgeber für Frauen

Bibliographische Information der Deutschen Nationalbibliothek
Die Deutsche Nationalbibliothek verzeichnet diese Publikation in der deutschen Nationalbibliographie; detaillierte bibliographische Daten sind im Internet über http://dnb.d-nb.de abrufbar.

Umschlaggestaltung: Angelina Schulze

Umschlagbilder:
Frau mit Frosch = Fotolia 64259318 © Jeanette Dietl
Pärchen = Fotolia 76966468 © losw

Autor des Buches: © 2015 Sigrid Hornstein

Layout und Satz des Buches: Sigrid Hornstein

Verlag:
Angelina Schulze Verlag
Vor dem Walde 9
38268 Lengede

Schulze-Verlag@gmx.de
www.angelina-schulze.com

Druck und Verarbeitung: Angelina Schulze Druckerei, Deutschland

1. Auflage November 2015

ISBN: 978-3-943729-40-5

Inhaltsverzeichnis

Vorwort:

Meine lieben Prinzessinnen,

mein Name ist Sigrid Hornstein. Ich begleite seit vielen Jahren Singles und Paare auf ihrem Weg der Liebe.

Für mich ist die Liebe das einzige, was überhaupt zählt und wirklich einen Sinn macht zu leben.
Anders ausgedrückt: "Nur die Liebe gibt unserem Dasein und Leben einen Sinn"

Darunter verstehe ich aber nicht nur die Liebe zwischen uns Menschen. Für mich gibt es nur ein Motto:

"Liebe alles, brauche nichts"!
(Sigrid Hornstein)

Und was genau meine ich eigentlich damit...wir sollen alles lieben und nichts brauchen?

Dazu möchte ich mit euch einen kleinen Ausflug in die Quantenphysik machen.
Die Physik/Quantenphysik zeigt uns über sehr viele wissenschaftliche Nachweise sehr eindeutig belegt auf, dass alles, was existiert, miteinander verbunden ist. Nichts ist voneinander getrennt. Ob sichtbar, nur fühlbar oder weder das eine noch das andere, alles besteht aus Atomen und ist somit reine Energie.
Ein Atom ist die kleinste Einheit eines jeden Stoffes, ganz egal, ob der Stoff fest, flüssig oder gasförmig ist.
So besteht eine menschliche Zelle aus ca. 36 – 40 Billionen Atomen.
Der Abstand von einem Atom zum anderen kann man anschaulich ausdrücken, wenn man z.B. die Atome auf die Größe eines Fußballs vergrößern würde, so dass sie für unser menschliches Auge sichtbar wären, so hätten wir einen Abstand von einem Atom zum nächsten von sage und schreibe ca. 40 km (Quellenangabe: Dr. rer. nat. Ulrich Warnke).

Den Zwischenraum der Atome bezeichnet man als s.g. Schwingungsraum. So sind die Atome und der Schwingungsraum die reinste und pure Energie.

Greifbare und sichtbare Energie kommt nur dann zu Stande, wenn der Schwingungsraum zwischen den Atomen sich verkleinert. Dann nennen wir es Materie!
Ist ein sehr großer Schwingungsraum zwischen den Atomen, so ist diese Energie für unsere menschlichen Sinne nicht mehr sichtbar oder evtl. auch nicht mehr fühlbar.

Gerade jetzt, während ich an diesem Ratgeber schreibe, sitze ich an der frischen Luft und die Energie des Windes ist für mich zwar nicht sichtbar aber dennoch sehr klar fühlbar. Sichtbar für mich sind lediglich die Bewegungen der Blätter an den Bäumen.

So sind wir permanent von reiner Energie umgeben und wir sind ein Teil dieser Energie (nur eben mit geringerem Schwingungsraum von Atom zu Atom = Körper). Ob wir es wahrhaben wollen oder nicht!

Ganz bestimmte Techniken machen es uns jedoch bereits möglich, bestimmte Energien zu messen und zu erfassen. Z.B. das EKG (Messung unserer Herzfrequenz) und das EEG (= Messung unserer Gehirnströme).
Wobei die Herzmessung eine 5000 mal stärkere Frequenz aufzeigt, als die Messung unserer Gehirnströme.

So gesehen ist unser Gefühl = Herz (Emotion) 5000 mal verstärkter mit Energie geladen, als unsere Gedanken = Gehirn (Verstand).
Dennoch verlassen wir Menschen uns (leider) primär auf unseren Verstand. Unseren Gefühlen = Emotionen = Eingebungen = Intuitionen vertrauen wir nur sehr bedingt.

Die meisten von uns sind nun mal so erzogen worden, dass man dem Verstand die größere Beachtung zumisst und unser Gefühl unter der Kategorie "Gefühlsduselei" abgekanzelt wird!

Was ganz genau hat dieser kleine Ausflug in die Physik denn jetzt bitte sehr mit diesem Ratgeber für uns Prinzessinnen zu tun?
Wobei soll uns dieses Wissen denn jetzt dienlich sein?

Ganz einfach!
Männer sind nun mal etwas rationaler, als wir Frauen. Oder anders herum, wir Frauen sind emotionaler, als die Männer. Das ist eine feststehende Tatsache, an der kein Weg vorbeiführt.
Abgekürzt könnte man es auch so sagen:

Männer ticken anders, als wir Frauen!!!

So ist der kleine Ausflug in die Physik/Quantenphysik ein elementares Wissen, welches uns Prinzessinnen dabei helfen wird, die Männer etwas besser zu verstehen.
Wenn der Mensch etwas verstanden hat, kann er es einfach leichter umsetzen und anwenden.
Deshalb war es für mich sehr wichtig, euch damit ein bisschen besser abzuholen, bevor wir richtig in das Thema einsteigen.

Warum die Männer rationaler und verstandesgetriebener unterwegs sind, als wir Frauen, das werde ich euch in jedem der 5 aufgeführten Punkte sehr nachvollziehbar erläutern.

Darüber hinaus soll auch der kleine Einblick in die Quantenphysik auch sehr anschaulich aufzeigen, dass unsere Gefühle gekoppelt mit unseren Gedanken unser Leben kreieren. Erst durch unsere Gedanken- und Herzenergie kann **und wird** Materie entstehen.
Was wir nicht denken und fühlen können, kann nicht zu unserer Realität werden.
Hingegen was wir den ganzen Tag über denken und fühlen, wird immer zu 100% zu unserer Realität werden.
Deshalb bitte ich dich (nein, ich flehe dich an!) achte bitte bitte auf deine Gedanken und Gefühle. Denn du bist dein eigener Architekt deines Lebens-/Liebeshauses.

Zurück zu dem Satz:

"Liebe alles, brauche nichts!"

(von Sigrid Hornstein)

Mit diesem kleinen Ausflug in die Quantenphysik wollte ich ebenfalls veranschaulichen, dass alles mit allem verbunden ist und absolut nichts voneinander getrennt existiert.

(Verbunden ist alles über den Schwingungsraum zwischen den Atomen miteinander! Dazu kannst du mehr erfahren in meinem Buch "Secrets, sich selbst lieben lernen und sein Selbstbewusstsein stärken" oder in dem Buch von mir "Gesetz der Anziehung = Seelenplan = Blockaden lösen (Verstehe die Botschaften, Visionen und Engelzeichen aus dem Universum! = Liebe anziehen Band 1"))

Da für mich der einzig nachvollziehbare Sinn des Lebens die Liebe ist und alles mit allem verbunden ist, sollte auch alles von uns Menschen geliebt und geschätzt werden.
Das bedeutet, wir dürfen alles und jeden lieben doch wir sollten unsere Liebe niemals mit dem "Brauchen" verwechseln.
Sobald ich anfange, etwas unbedingt zu brauchen, heißt das ich will etwas. Wenn ich etwas unbedingt will, heißt das, dass ich etwas nicht habe. Und wenn ich etwas nicht habe, dann bin ich in einem Mangelzustand (=Defizit).
Dieser Mangelzustand sorgt für schlechte Gefühle und negative Gedanken.
Die Quantenphysik besagt: Gleiches zieht gleiches an!
Bin ich also in einem Mangelgefühl, werde ich immer nur noch mehr Mangel anziehen. Bin ich in einem Brauchen-Gefühl, werde ich immer mehr brauchen müssen. D.h. ich bin ständig hungrig und werde immer noch hungriger und hungriger!!!
Deshalb ist es für uns Menschen sooo wichtig, alles einfach nur zu lieben und nichts davon wirklich zu brauchen. Nur so sind wir immerzu gesättigt und werden immer noch satter (= reich beschenkt).
Sollten wir unser Hab und Gut nicht ausreichend zu schätzen wissen, so schlage ich jedem mal vor, für 5 Nächte auf dem Boden zu schlafen und er wird ganz schnell seinen Reichtum wieder erkennen können.

Dieser Satz "alles lieben und nichts brauchen" bezieht sich darüber hinaus nicht nur auf materielle Dinge.

Die Eigen- bzw. Selbstliebe liegt mir dabei ganz besonders am Herzen.

Ich kann im Außen immer nur das erhalten, was ich auch in meinem Inneren fest verankert in mir trage.

So kann ich von meinem Umfeld (Mann) nicht erwarten, geliebt zu werden, wenn ich mich selbst nicht bedingungslos und vollkommen liebe.

Ich kann von meinem Außen nicht erwarten, als "schön" erkannt zu werden, wenn ich mich selbst nicht schön finde...usw.

Die wahre und einzig wahrhaftige Liebe beginnt immer in mir selbst. Erst wenn ich gelernt habe, mich zu lieben, werde ich auch von meinem Umfeld (Mann/Männern/Partner) geliebt.

Wenn ich mich selbst als den größten Schatz der Erde erkannt habe und mich uneingeschränkt für alles, was mich ausmacht liebe, bin ich die reine und pure Liebesenergie. Damit werde ich zum Liebesmagneten in einer unvergleichlichen Art und Weise. Ja, ich werde das Licht selbst sein und dort wo das Licht ist, sind das Leben und die Liebe zu Hause.

Bin ich die Liebe selbst, wird es mir nie wieder an irgendetwas mangeln.

Wenn jeder sich selbst liebt, werden alle geliebt!

Wenn jeder für sich selbst sorgt, ist für jeden gesorgt!

Einen anderen Menschen zu brauchen, um selbst geliebt zu werden, wird nie jemals wirklich gut gehen.

Denn "Brauchen" hat absolut nicht das geringste mit Liebe zu tun. Jemanden oder irgendetwas zu "brauchen" ist das Gegenteil von Liebe.

Etwas oder jemanden unbedingt zu wollen oder zu brauchen bedeutet, diesem "Etwas" oder diesem "Jemand" die Luft zum Atmen zu nehmen...ihn zu ersticken.

Hingegen die Liebe selbst zu sein bedeutet, die Liebe ständig in sein Leben zu ziehen und beständig von der Liebe umgeben zu sein.

Der Mensch ohne die Selbstliebe für sich wird sich ständig bedroht fühlen. Es wird ein Leben in Angst, Zweifel und Sorge sein.

Ähnlich einem Ertrinkenden.

Er wird immerzu abhängig von einem sein, der schwimmen kann. Der "Schwimmende" jedoch kann unmöglich auf Dauer für zwei schwimmen. Irgendwann muss er an sich und sein Überleben denken und wird ganz sicher beschließen, alleine weiterzuschwimmen.

Der Nichtschwimmer ist wiedermal mit dem Kampf ums Überleben beschäftigt und somit in allergrößter Not.

Wir alle kennen diese Metapher (Schwimmer/Nichtschwimmer) aus unseren Beziehungen mit unseren Seelenpartnern heraus.

Unerklärlich und für uns völlig unverständlich zieht sich der Mann unseres Herzens einfach wieder aus unserem Leben heraus.

Zurück bleiben tausend unbeantwortete Fragen und eine oft sehr schmerzvolle Leere.

Doch genau das werden wir jetzt für immer ändern.

Wenn du weißt, wie Männer ticken und warum sie sich so verhalten, wie sie sich verhalten, wirst du den Schlüssel der dauerhaften Liebe in deiner Hand haben.

Männer sind im Grunde ganz einfach zu handhaben und völlig unkompliziert.

Mit diesem Ratgeber wirst du eine ganz einfache und verständliche "Gebrauchsanweisung" für den Mann an deiner Seite wissen.

Dein Liebesleben wird zur puren Freude.

Es erwarten dich Leichtigkeit, Angstfreiheit und das reinste Vergnügen der Liebe und der Beziehung.

Die Liebe in ihrer Vollkommenheit und Schönheit, wie sie dir bisher (vielleicht) verborgen blieb.

Ich wünsche dir unendlich viel Spaß beim Ausprobieren und vor allen Dingen bei den ersten grandiosen Erfolgen damit!!! ☺

Wie ticken Männer eigentlich und warum ticken sie so?

Der Mann ist der Jäger und der Eroberer:

"Männer wollen erobern und nicht ständig übergabebereite Festungen stürmen"

Oswalt Kolle

Um euch Prinzessinnen ganz genau erklären zu können, was damit gemeint ist, möchte ich euch gerne auf eine kleine Zeitreise in die Vergangenheit mitnehmen.

Wir gehen zurück in die Steinzeit. Lange bevor es die Sprache gab.
Damals gab es eine ganz klare Rollenaufteilung. Der Mann war der Jäger und die Frau war die Sammlerin. Wenngleich man bis heute dem Manne den Jäger und Sammler nachsagt.

Ohne die Sprache (wie wir sie heute kennen) blieb den Homosapiens nichts weiter übrig, als sich mit dem Körper auszudrücken.
In unseren Urinstinken beider Geschlechter vereinte sich aber immer ein und die gleiche Aufgabe, die Fortpflanzung der Gattung "Mensch". Das war mit die oberste Priorität und ist in uns allen bis heute noch ganz fest verankert und gültig.

So war es zu Beginn der Menschheit weniger die Intelligenz, welche für das Überleben zuständig war. Vielmehr waren es die körperlichen Kräfte und die körperliche Beschaffenheit, die uns Schutz, Sicherheit und Geborgenheit geben konnten.

Der stärkste und kräftigste Mann, mit den meisten Jagderfolgen war derjenige, welcher unser Vertrauen und damit unsere Folgsamkeit bekam.

Das weibliche Unterbewusstsein suggerierte der Frau, dass dieser Mann auch starke, gesunde und damit überlebensfähige Stammhalter zeugen konnte.

Diese suggestive Einprogrammierung in unserem Unterbewusstsein ist bis heute noch sehr aktiv zugange.

Bis heute achten wir Frauen unbewusst auf den Körperbau eines Mannes.

Wenngleich die Intelligenz/Herzintelligenz eines Mannes mittlerweile den Körperbau des Mannes schon fast eingeholt hat.

Hingegen wird die Frau als das zarte Geschlecht bezeichnet. So war eine Frau damals alleine, ohne den körperlichen Schutz eines Mannes, kaum überlebensfähig.

Ihre Aufgabe bestand darin, den starken Mann zu huldigen, wertzuschätzen und ihn uneingeschränkt zu begehren.

Einzig diese klare Rollenverteilung machte das Überleben überhaupt erst möglich.

Welche Bedeutung hatte diese klare Rollenverteilung für die Partnerwahl?

Der Mann von damals stand unter sehr großem Druck, seinem männlichen Geschlecht über die körperliche Kraft stets Ausdruck verleihen zu müssen.

Dieses stellte der Mann in der Regel über seinen Jagderfolg klar.

Die meisten und größten Tiere zu erlegen, machte ihn männlich und schenkte ihm den obersten Rang in der Ordnung der Sippe.

Da nicht alle Männer gleich stark und gleich gut sein konnten, ordneten die schwächeren Männer sich ebenfalls dem stärksten Mann der Sippe unter.

Der stärkste und erfolgreichste Mann hatte somit auch das Wahlrecht einer Partnerin auf seiner Seite.

Tatsächlich musste sich der Anführer der Sippe bei der Wahl seiner Partnerin an ihren Äußerlichkeiten orientieren.
Gesunde Zähne standen für die gute Beißkraft, welche die Nahrungsaufnahme sicherte.
Ein breites Becken bei der Frau stand für die Gebärfreudigkeit der Frau.
Große Brüste ließen auf das Überleben der Nachkömmlinge schließen.
Doch was machte die Frau tatsächlich zu einem echten Favoriten anderen Frauen gegenüber?
Nur die Frau alleine konnte den starken Herdenführer mit ihrer Weiblichkeit in die Knie zwingen. Indem sie sich, ganz genau wie die Tiere auf der Jagd, erobern ließ.
Ihre Aufgabe bestand darin, sich zunächst scheu und zurückhaltend zu geben.
Je scheuer und zurückhaltender sie war desto deutlicher drückte sie den Wert ihres Selbst aus.

So begann ein Machtkampf zwischen den Männern um diese Frau.

Für beide Seiten waren diese immer wiederkehrenden Machtkämpfe von allergrößter Bedeutung und hatten absolut ihren Sinn.
Die Männer konnten sich immer wieder erneut ihrer Stärke beweisen und das mussten sie auch.
Denn auch ein Mann in der Führerrolle musste immer wieder aufs Neue beweisen, dass er seiner Führerrolle noch gerecht werden konnte.
Die Frauen hingegen konnten sich nur diesem einen, welcher als Sieger aus diesen Kämpfen hervorgegangen war, hingeben.

Dies sind ganz tiefliegende Urinstinkte in uns, welche wir bis heute noch als s.g. Zellerinnerungen in uns tragen.

Bis heute noch wollen die Männer die Frauen erobern und die Frauen wollen von den Männern erobert werden.
Da geht kaum ein Weg daran vorbei.

So möchte ich bis hierher mal festhalten, dass Männer die Jäger sind und somit die Eroberer und wir Frauen das scheue und zurückhaltende Reh, welches erobert, sprich gejagt werden möchte.

Natürlich hat sich auf Grund unserer Sprachentwicklung so manches verändert.
In der heuteigen Zeit spielen die Äußerlichkeiten nur noch eine sehr sekundäre Rolle bei der Partnerwahl.

Im Gegenteil!

Männer lieben die Natürlichkeit einer Frau. Je natürlicher, desto reizvoller. Eine Frau, die sich nur wenig oder gar nicht schminkt, hat nichts zu verstecken.
So gewinnt sie in ihrer Natürlichkeit an Ausstrahlung und wirkt umso reizvoller auf den Mann.

Ebenso eine Frau mit gewissen Rundungen und Formen. Sie suggeriert dem Unterbewusstsein des Mannes Herzlichkeit, Weiblichkeit, Weichheit und Großzügigkeit.
Wir alle haben stets das Bedürfnis, aus dem Vollen schöpfen zu dürfen. Eine Frau mit vollen Rundungen suggeriert dem Mann diese Möglichkeit bei ihr. Er darf aus dem Vollen schöpfen ohne sich dabei zu erschöpfen.

Natürlich ist ein gepflegtes Äußeres bei all diesen Punkten weiterhin das A und O…

Dazu gehört ebenfalls ein guter Duft!
Das Sprichwort "ich kann die oder den nicht riechen" kommt nicht von ungefähr und hat definitiv einen tiefen menschlichen Ursprung und damit Wirkung auf uns.

Dasselbe gilt natürlich für den Mann!!!
Auch wir Frauen achten auf die äußerliche Gepflegtheit eines Mannes. Gerade dieser Punkt gewinnt in der heutigen Zeit immer mehr an Bedeutung für uns Frauen(Nicht wahr? ☺)

Doch auch für uns Frauen ist die Ausstrahlung eines Mannes immer mehr in den Vordergrund gerückt.

So spielt der Humor eines Mannes für uns Frauen tatsächlich eine größere Rolle, als wir es wahrhaben wollen.
Eine ausgeprägte Herzintelligenz bei einem Mann ist im Begriff, die körperliche Stärke eines Mannes zu überholen.
Mit zunehmender Entwicklung der Technik und des Internetzeitalters haben sich auch die vordergründigen Interessen bei der Partnerwahl verändert und entwickelt.

Nur eines bleibt immer, immer, immer, immer, wirklich immer bestehen und das ist unser Instinkt bei unseren Eroberungsritualen.

In jedem einzeln aufgeführten Punkt werde ich mich immer mal wieder zu deinem besseren Verständnis an die Urzeit anlehnen. Nur so wirst du verstehen können, warum diese 5 Punkte auch tatsächliche Killer für den Beginn einer Beziehung sind.
Warum ein Mann ganz oft gar nicht anders kann, als sich von dem bevorstehenden Beginn einer Beziehung wieder zu lösen.
Oder warum er sich ab und an auch in bestehenden Beziehungen ganz plötzlich zurückzieht und auf Distanz gehen muss.

Denn ein Mann will (bzw. muss!) nun mal männlich sein und das dürfen wir ihm bei aller Liebe bitte niemals nehmen!

Ein Mann hat ein anderes Zeitempfinden/Gefühl:

"Die innere Zeit hat einen anderen Sekundenzeiger, als die äußere"

Jack Thommen

Männer haben tatsächlich ein anderes Zeitgefühl, als wir Frauen. Auch das hat seinen Sinn und einen tiefliegenden Grund und hat ebenfalls mit dem Ursprung der Menschheit zu tun.

So musste ein Mann, wenn er zur Jagd aufbrach, seine innere Uhr einfach mal komplett abstellen.
Die Jagd von damals gestaltete sich auf Grund einer anderen Tierart um einiges schwieriger als es heute der Fall ist.
Außerdem hing der Jagderfolg von damals von unserem Überleben ab.
Keinen Jagderfolg zu haben, bedeutete, nicht nur in der Rangordnung zu sinken. Es bedeutete darüber hinaus auch, die Familie, sprich die Gruppe nicht ausreichend versorgen zu können.
Das Aufbrechen zur Jagd und die Dauer der Jagdzeit durften auf keinen Fall von Heimweh oder Sehnsucht beeinträchtigt werden.
Diese Sehnsuchtsgefühle wären absolut hinderlich für die Jagd und damit für den Erfolg gewesen.
Aus diesem Grund hat die Natur den Männern ein anderes Zeitempfindungsgen mitgegeben, als es bei uns Frauen der Fall ist.
Wir Frauen mussten den Mann vermissen und uns nach unserem Partner sehnen. Denn wir waren ihm auf Grund der sexuellen Vereinigung zugetan und damit mit einem unsichtbaren Band verbunden.
Durch diese unterschiedliche Genkonstellation konnte der Mann davon ausgehen, dass ihm kein Kuckuckskind (=das Kind eines anderen Mannes) ins Nest gelegt wurde, während er weg war.

Unser weibliches Vermissens- und Sehnsuchtsgen befahl uns ganz unbewusst ein Treue- und Bindungsverhalten.

Der Mann hingegen musste den Raum und die Zeit haben, seiner Jagd solange nachgehen zu können, bis er erfolgreich nach Hause kam.

Nur so waren das Überleben und die Fortpflanzung des Menschen gesichert.

Sollte die Jagd sich jedoch in einen unermesslichen Zeitraum ergeben, geschah auf Grund der unterschiedlichen Zeit-Gene etwas ganz eigenartiges.

Je länger die Abwesenheit des Mannes gedauert hat, desto weniger wurde die Sehnsucht und das Vermissen der Frau gegenüber dem Mann.

Der Mann hingegen entwickelte erst nach längerem Abstand das Vermissen und die Sehnsucht, wieder nach Hause zu kehren.

Das musste auch alles so sein.

Denn der Mann musste sich irgendwann wieder an seine Familie und Nachkömmlinge erinnern.

Die Frau dagegen musste irgendwann in den Abstand der Sehnsucht gebracht werden. Denn gesetzt den Fall, der Mann wäre bei der Jagd ums Leben gekommen (was damals sehr häufig passieren konnte), so musste die Frau für einen neuen Partner an ihrer Seite bereit sein. Sie musste ihr Herz wieder öffnen können.

Alles diente nur einem einzigen Zweck...der Sicherung und Gewährleistung der Nachkommen.

(Achte doch mal bitte auf die Unterschiede bei Liebesliedern wenn diese ein Mann singt.

Fast in jedem Text weint der Mann einer vergangenen Liebe nach.

Die Texte der weiblichen Liebeslieder handeln meist von ganz aktuellen Situationen, noch in oder während der Beziehung.)

Bis heute sind die unterschiedlichen Zeitgefühle bei dem Mann und der Frau noch immer sehr aktiv und gültig.

Ein Mann kann sich bis zu drei und vier Wochen bei einer Frau nicht melden. Die Zeitdauer fällt ihm nicht im Geringesten auf. Und dann, ganz plötzlich, wie Phönix aus der Asche, meldet sich der Mann bei der Frau wieder. Jetzt erst beginnt seine Sehnsuchtsuhr zu ticken.

Selbst wenn er mit absoluter Sicherheit seinem Jagdinstinkt in der Abwesenheitszeit nicht mehr nachgehen musste, so war er doch mit sämtlichen männlichen Dingen sehr beschäftigt.

Ein Mann hält sich nämlich während seiner Abwesenheit für den Nabel der Welt. Kein anderer auf dieser Welt kann jemals so viel zu tun haben, wie der Mann, welcher sich gerade bei der Frau nicht melden kann.

Sportliche Aktivitäten und Treffen mit den Freunden erscheinen dem Mann genau so elementar und überlebenswichtig zu sein, wie die Jagd nach der Nahrung zu den damaligen Verhältnissen.

Eine Sache, die bei uns Frauen auf keinerlei Verständnis stößt und uns z.T. wahnsinnig macht.

Doch betrachten wir das Ganze mal aus einer völlig neutralen Perspektive:

Man könnte es auch als eine Art Test betrachten.

Der Mann unterliegt doch einer ständigen Bedrohung, dass er unter Umständen nicht seine Kinder großzieht.

Mit anderen Worten, die Treue der Frau unterliegt einer Prüfung. Aber nicht alleine die Treue der Frau ist es, die geprüft werden muss. Auch ihr Verhalten bei der Rückkehr des Mannes wird unbewusst von den Männern getestet.

Kann eine Frau auch ohne den männlichen Rückhalt und Beistand für eine gewisse Zeit überleben?

Wird sie ihn nach seiner Rückkehr liebevoll und freudig oder bösartig und zornig begrüßen?

Eine Frau, die den Partner nach einer gewissen Zeit des Abstandes mit Freude und Liebe empfängt, unterstellt Mann, ebenfalls sehr liebevoll mit den Nachkömmlingen umzugehen. Sie scheint der perfekte Typ Frau zu sein, die mit dem Mann durch jede Lebensphase gehen kann. Alle Höhen und Tiefen scheinen hier gemeinsam bewältigt werden zu können. Die

Angst des Mannes, nicht seine Nachkömmlinge großzuziehen, scheint völlig unbegründet zu sein.

Dieses unterschiedliche Zeitgefühl von Frau und Mann ist ebenfalls ganz fest in unseren Zellerinnerungen verankert Mehr oder weniger rufen wir diese Zellerinnerung als unterbewussten Test für uns ab, wenn es um eine Zusammenkunft in Form einer baldigen Partnerschaft geht.
Doch ganz wichtig ist bei der unterschiedlichen Zeitauffassung, zu erwähnen, dass alles in Maßen vonstattengehen sollte.

Männer neigen nämlich ganz häufig auch dazu, sich monatelang nicht zu melden.
Monate sprengen jedes Verständnis und sollten von uns Prinzessinnen auch nicht mehr toleriert werden.

Hier sollten wir uns jede liebevolle Begrüßung und die Freude über die Rückkehr wirklich sparen.
Wir sind die Prinzessinnen und kein Mensch auf der Welt hat das Recht, so mit uns umzugehen.
Das darf der Mann dann auch ganz deutlich zu spüren bekommen.
Männer sind nämlich in diesen Punkten manchmal wie Kinder.
Sie denken sich nicht das Geringste dabei, wenn sie sich nach Monaten wieder bei der Frau ihres Herzens melden.
Doch wir Frauen haben unseren Stolz und unsere Prinzipien.
(Männer lieben Frauen mit Stolz und Prinzipien…dazu mehr in einem anderen Kapitel).

Was ich abgekürzt mit den unterschiedlichen Zeituhren in Mann und Frau eigentlich sagen möchte, ist, dass wenn sich ein Mann nicht immer gleich meldet, die Zeit dann für uns Frauen läuft.

Wir sollten uns in dieser Zeit des Abstands so gut amüsieren wie es nur geht (nur bitte nicht mit anderen Männern, mehr in einem anderen Kapitel).
Schließlich sind wir die Prinzessin und er kann einfach nur froh sein, wenn er uns bekommt.

D.h. wir leben unser Leben so intensiv und abwechslungs-
reich, wie nur irgend möglich.
Der riesengroße Vorteil darin ist außerdem, dass wir von
unserer Zeituhr her immer mehr Abstand bekommen und ihn
immer weniger vermissen werden.
So spielt uns die Zeit in allen Ebenen tatsächlich in die Karten.

*Warum sollten wir die Zeit der Distanz und des Schweigens so
gut wie möglich nutzen?*

Wie ich eingangs, mit der Erklärung der Energien und der
Schwingungsräume, welche alles mit allem verbinden, bereits
erklärt habe, sind wir über ganz bestimmte Frequenzen und
Schwingungsräume ebenfalls mit dem Mann unseres Herzens
verbunden.
So bist du mit dem Partner mit einer Art unsichtbarer Nabelschnur verbunden.
In der Zeit der Distanz und es Abstands wird es dir deshalb
nicht ganz so gut gehen weil du fühlen kannst, dass er sich
ganz gut amüsiert und beschäftigt.
Das heißt in eurer gemeinsamen Verbindung (Nabelschnur)
wirst du deinen Energieraum, welcher sich zunehmend mehr
vergrößert, als Herzschmerz wahrnehmen können.

Normalerweise geben beide Partner gleich viel Energie in diese gemeinsame Verbindung. Sobald aber der Test des Abstands beginnt, zieht einer der Partner seine Energien etwas
zurück. Es entsteht ein Raum, welcher dann ganz unbewusst
von dir gefüllt wird. Somit entsteht ein Ungleichgewicht in eurer gemeinsamen Verbindung (=Nabelschnur).
Unbewusst besetzt du mit deiner Sehnsucht und deinem Verlangen nach Zweisamkeit den Raum. Der Partner, welcher im
Abstand ist, kann diese Besetzung fühlen. Sein Energieraum
und damit seine Sehnsucht zu dir ist jetzt von dir besetzt worden.
Selbst wenn er jetzt zu dir kommen wollte, würde es nicht gehen. Da er seinen Energieraum für dich nicht mehr fühlen
kann.

Lediglich die Verbindung, welche immer Bestand hat, wird ihn immer wieder auffordern, an dich zu denken und dich zu vermissen.

Einzig deine Eigenliebe, und damit alle deine Energien wieder bei dir zu haben, werden ihm endlich wieder den ersehnten Raum schenken, den er so dringend benötigt, um zu dir zurückzukehren.

Nur über den Weg deiner Eigenliebe wird es dir möglich gemacht, eure gemeinsame Verbindung wieder ins Gleichgewicht zu bringen. Die Zeit des Wartens und der Distanz werden sich so sehr deutlich abkürzen und verringern.

Bedenke also bei den unterschiedlichen Gefühlsuhren von Mann und Frau, dass die Zeit bei jedem Abstand und jeder Nichtmeldung definitiv für dich tickt.

Nutze diese Zeit für das Erlernen deiner Selbstliebe (siehe in YouTube den Vortrag: Selbstliebe von Sigrid Hornstein)

Reagiere nach ein paar Wochen des Abstands und des Schweigens nicht gleich säuerlich und beleidigt.

Lasse ihn viel mehr spüren, dass auch du die Zeit sehr genossen hast und auch du überhaupt nicht mehr weißt, wie lange es her ist, dass ihr euch zuletzt gesprochen habt.

So forderst du darüber hinaus auch noch seinen Jagdinstinkt heraus. Was geradezu perfekt für eine gemeinsame Zukunft ist.

Wie du dich verhalten solltest nach längerem Abstand klären wir in einem anderen Kapitel.

Ein Mann möchte (muss) die Frau unter allen Umständen glücklich machen:

"Das höchste Glück ist das, welches unsere Mängel verbessert und unsere Fehler ausgleicht"
Johann Wolfgang von Goethe

Ebenfalls ein ganz tiefliegender Urinstinkt in den Männern ist es, die Frau/Partnerin unter allen nur erdenklichen Umständen glücklich zu machen.
Dieses Bedürfnis ist weit mehr als nur ein Bedürfnis. Es ist ein "MUSS" für den Mann.
Eine glückliche Frau/Partnerin ist gesund und fähig die Nachkommenschaft mit Liebe und Verständnis aufzuziehen.
Sprich eine glückliche Partnerin macht alle anderen ebenfalls glücklich.
Eine glückliche Partnerin hat auch keinen Grund sich nach einem anderen Partner umzuschauen.
So unterstellt dieser Urinstinkt des Mannes der Frau gleichermaßen die Treue und Verbundenheit zu ihm.

Doch leider leider sind die Männer gerade in diesem Punkt so unbeholfen und hilflos wie ein Baby in der Wüste.

Unzählige Beratungen mit Männern zeigten ihre Unsicherheit und ihre Ängste gerade in diesem Punkt mehr als deutlich auf.

Da Männer wirklich überhaupt keine Ahnung von uns Frauen haben, unterliegen gerade in diesem Punkt Männer ganz häufig einer falschen Annahme, was uns Frauen glücklich macht.
Sie versuchen zu raten, zu erahnen, zu fühlen, zu erforschen usw. und stochern dennoch total im Dunkeln.

Warum ist es für die Männer überhaupt ein "Muss", uns Frauen glücklich zu machen?
Nicht nur deshalb, um sich unsere Treue und Verbundenheit zu sichern, es geht auch um ihre Männlichkeit.

Ein Mann, dem es gelingt, die Frau glücklich zu machen, gilt seit jeher als der Mann, der das Mysterium Frau in ihrer Vollkommenheit erobert hat.

Wobei wir somit schon wieder mal bei der Eroberung sind und damit wieder bei den männlichen Urinstinkten.

Eine glückliche Frau an seiner Seite zu haben heißt, den goldenen Schlüssel für das geheimnisvolle Wesen Frau in der Hand zu halten.

Wer den Schlüssel für ein Geheimnis in seiner Hand hält gilt als König unter den Untertanen.

Männer wollen immer die Könige und die Sieger sein. Egal bei was oder bei wem.

Das strahlen einer glücklichen Frau bleibt auch den Mitstreitern nicht verborgen und unbewusst wird dieser Mann verehrt und gehuldigt von seinen Artgenossen.

Eine unglückliche Frau hingegen könnte leichte Beute für die anderen Jäger sein.

Unglückliche Partnerinnen spiegeln das Beziehungsversagen eines Mannes wieder.

Das Letzte auf dieser Welt, mit dem ein Mann klarkäme, wäre, als Versager zu gelten.

Einem Versager drohte damals (Steinzeit) sogar der Ausschluss aus der Gruppe.

Da ein Überleben aber nur in der Gruppe möglich war, konnte sich kein Mann ein Versagen leisten.

Hier können wir Frauen den Männern einfach nur entgegenkommen. Ja, wir sollten den Männern hier behilflich sein.

Wir Frauen verfügen über weit mehr Gefühl und Emotion, als ein Mann (bzw. die Erziehung hat uns Frauen das Ausleben unserer Gefühle immer mehr erlaubt, als dem Mann).

Das bedeutet, dass fest verankerte Glaubenssätze und Glaubensmuster dem Mann ganz häufig den Weg in die Gefühlswelt versperren.

Während wir Frauen schon sehr vieles erahnen und erfühlen können, ist der Mann hier ganz klar im Defizit.

Auch ein Mann kann s.g. Schräglagen in einer Beziehung erfühlen. Jedoch ist er viel zu unsicher und unbeholfen, diese dann auch zu benennen.

Und so baut ein Mann auf die Zeit, die alles wieder heilt und vergeben und vergessen macht. Während die Frau die Dinge lieber bis zum Exzess diskutieren und besprechen möchte.

Fazit:

Männer werden uns Frauen niemals verstehen können. Was im Grunde auch nicht wichtig ist.
Hier haben wir ganz klar die Oberhand. Wir sollten dem Mann ganz einfach sagen, was uns glücklich macht.
Wir sollten bei bevorstehenden Anlässen dem Mann eine Liste mit Dingen, die uns Freude machen könnten, überreichen.

Männer lieben Frauen, die wissen, was sie glücklich macht. Und noch viel mehr lieben sie uns, wenn wir es auch noch benennen.

Frauen, die den Männern ganz offensichtlich zeigen und es auch noch aussprechen, werden von den Männern über alles geliebt.
Kommt die Zeit des Schenkens und der Überraschung, dann - und die Frau verbalisiert ihre unsägliche Freude über ihr Geschenk- ist das das größte Geschenk für den Mann überhaupt.

Dies funktioniert im Alltag ebenso, wie zu besonderen Anlässen.

Ganz subtil dürfen wir Frauen unsere Freude über Blumen oder über die Mithilfe und Unterstützung des Mannes kundtun.

Wir Frauen sollten uns auf die positiven Eigenschaften der Männer konzentrieren.
Dabei sollten wir Vergleiche mit anderen Männern bitte tunlichst bleiben lassen.
Ein Vergleich mit einem anderen Mann weckt den Konkurrenzkampf im Manne. Leider aber nicht im positiven Sinne.
Denn, wie schon erwähnt, es geht um den goldenen Schlüssel für eine geheime Türe ("wie kann ich meine Partnerin glücklich machen")!

Ein Mann, dem ein Konkurrenzkampf im Bezug auf die Frauen und seine Mitstreiter aufgezwungen wird, wird noch bevor der Kampf beginnen kann das Handtuch werfen.

Bevor er als Versager gilt, wird er sich zurückziehen. Denn wenn er nicht mitkämpft, kann er auch nicht verlieren. Solange er nicht verloren hat, bleibt er der Gruppe verbunden und sein Überleben ist gesichert.

Sollten wir Frauen also tatsächlich auf die Idee kommen und unseren Partner mit dem Partner der Freundin vergleichen müssen (der, der seiner Frau immer wieder Blumen mitbringt!!!), brauchen wir uns nicht zu wundern, wenn unser Partner eines Tages überhaupt nichts mehr für uns tut.

Sehr häufig zu beobachten ist, dass gerade beim Kennenlernen genau das schon falsch gemacht wird.

Der Mann meldet sich auf Grund seines anderen Zeitgefühls nicht bei der Frau. Die Frau wird ungeduldig und irgendwann wirft sie ihm dann vor, dass er sie nicht glücklich macht.

Das schizophrene daran ist, dass Frau das nur mit dem einen Ziel sagt. Sie will damit nämlich erreichen, dass sein Verhalten sich ändert.

Zu ihrer großen Enttäuschung muss sie feststellen, dass der Schuss aber nach hinten losging.

Der Mann wird sich immer noch weniger melden. Denn bei ihm ist längst schon seine Versagensangst dominant am Werk.

Wie kann er hier jemals ein Gewinner seinm wenn er bereits in den Anfängen alles verkehrt macht?

So wünscht er sich doch von ganzem Herzen nur eines, die Frau glücklich zu machen.

Kann diese Frau denn nicht erkennen, dass seine anderen Aktivitäten ihn sehr männlich machen? Dass er doch ein wichtiger Teil der Gesellschaft ist?

Jetzt droht ihm ganz plötzlich die Versagerposition.

Schließlich bleibt ihm kein anderer Ausweg, als sich gleich im Vornherein als nicht beziehungstauglich zu erkennen zu geben und sich wieder zu verabschieden.

Diese Erfahrungen prägen einen Mann bis ins Mark.

Ist es einem Mann des Öfteren nicht gelungen, eine Frau glücklich machen zu können, wird er sein ewiges Singledasein einer Beziehung irgendwann vorziehen und das Handtuch werfen.

Genau dieses Wissen lässt sich gerade beim Kennenlernen sehr leicht anwenden und umsetzen.

Männer sind neugierige Wesen. Sie wollen alles über uns Frauen erfahren.
Das können wir sehr gut gleich in den ersten Verabredungen für uns nutzen. Indem wir sofort sagen, was uns sehr glücklich macht. Z.B. dass wir es ganz toll finden, wenn wir beim Miteinanderschreiben auch beständige Antworten bekommen oder dass wir italienisches Essen lieben…usw…

Vielleicht wäre da eine gute Vorbereitung von deiner Seite ganz gut.
Einfach mal aufzuschreiben, was dich glücklich macht in einer Beziehung ☺.

Erlaube dir dann auch, dass der Mann dich glücklich machen darf…lerne auch, zu nehmen und anzunehmen.
Freue dich über dein Glück und mache es für alle sichtbar…
So hast du den goldenen Schlüssel für den Schrein des Mannes in deiner Hand.

Ein Mann wünscht sich die Beziehung und Zweisamkeit ebenso sehr, wie eine Frau:

"In der Liebe sind alle Männer fortgeschrittene Anfänger"
Madam de Pontigny

Immer wieder unterliegen wir fälschlicherweise dem Eindruck, dass sich ein Mann die Beziehung und die Liebe weniger wünschen würde, als wir Frauen.
Das stimmt definitiv nicht.
Ein Mann mag vor der Beziehung und der Liebe mehr Angst haben, als eine Frau. So wird ein Schuh daraus.
Doch auch der Mann hat die Sehnsucht nach der Zweisamkeit, nach der Geborgenheit und nach dem Ankommen in sich.
Männer sprechen nur nicht ganz so offen über ihre Wünsche und Sehnsüchte, wie es wir Frauen tun.

Gefühle zu zeigen und zu äußern bedeutete immer schon, verletzlich zu sein.
Einem Mann, der sich verletzlich zeigte, unterstellte man Angst.
Ein ängstlicher Mann war nicht jagdtauglich.
Ein Mann, der nicht jagdtauglich war, konnte seine Familie nicht ernähren und somit war seine Art vom Aussterben bedroht.

Das ist der Grund, warum Männer sich rationaler und überlegter geben, als wir Frauen es tun.

Dennoch schlummert in jedem Mann das Bedürfnis nach einer liebevollen und intakten Beziehung. Dies liegt schlicht und ergreifend dem Bedürfnis der Vermehrung zu Grunde.

Dem Wunsch der Fortpflanzung unterliegt das Bedürfnis nach der Vereinigung und somit nach Sex.

Männer sind deshalb grundsätzlich bereiter für eine sexuelle Vereinigung, als eine Frau es ist.

Eine sexuelle Vereinigung mit der Frau unterliegt wiederum einem abermals urinstinktivem Test.

Es ist ein Test von allergrößter Bedeutung für den Mann und entscheidet darüber, ob diese Frau eine Partnerin fürs zukünftige Leben sein könnte.
Gemessen wird die Partnerin an dem Zeitfaktor ihrer Einwilligung für die erste Vereinigung.
Eine Frau, welche sich sofort ohne jeden Widerstand beim ersten Treffen oder der ersten Begegnung für den Akt der Vereinigung bereit erklärt, wird es sehr schwer haben, den Mann in der Zukunft von ihren eigentlichen Werten zu überzeugen.
Das Eroberungsritual und damit die Jagd auf die Frau sind gänzlich weggefallen.
Unbewusst muss der Mann von der Annahme ausgehen, dass diese Frau nicht besonders wählerisch zu sein scheint.
Die Vermutung liegt nahe, dass diese Frau ihre Bereitwilligkeit schon öfter ausgelebt hat.
Damit erscheint es dem Mann nicht sehr wertvoll, das bekommen zu haben, was er wollte.

Erst die Eroberung und die Jagd auf eine Frau machen die Frau zu einem unverwechselbar wertvollen Objekt für den Mann.
Der Mann bekommt (endlich) dadurch die Gelegenheit, ebenfalls seine Männlichkeit unter Beweis stellen zu dürfen.
Es gibt für einen Mann nichts Schöneres, als seine Männlichkeit beweisen zu können.
Bekommt der Mann völlig ohne eine Jagd und ohne Kampf einfach mal so was er will, erscheint ihm seine Beute wertlos.

Und nichts anderes sind wir Frauen in den Anfängen des Kennenlernens für den Mann…ein Objekt bzw. eine Beute.

Wahre und tiefe Gefühle wird und kann der Mann ganz zu Beginn in einer Kennenlernphase noch überhaupt nicht entwickeln. Man könnte auch sagen, dass er sich Gefühle ganz am Anfang einfach noch nicht erlauben darf.

Warum ist das so?
Ganz einfach!

Ich möchte hier erneut wieder an die Urinstinkte der Menschheit anknüpfen.
Der Mann hat die Pflicht, seinen Samen und damit seine Gene weiterzugeben, um den Bestand der Menschheit zu sichern.
Gibt er sein Kostbarstes (seinen Samen) und sein noch viel Kostbareres (seine Gefühle) ohne jede Bedingung und Herausforderung einfach mal an jede X-beliebige weiter, so läuft er Gefahr, auch Kuckuckskinder im Nest zu haben.
Eine Frau, die sich ohne Wenn und Aber einfach mal so einem Mann hingibt, kann unmöglich die Mutter seiner Zöglinge werden.
So wird er zwar seinen Samen bereitwillig spenden, aber der Kinder dieser Frau wird er sich nicht annehmen wollen.

So vergeben wir Frauen uns leider sehr häufig unter unserem Wert.
Die Emanzipation sorgte für eine vollkomme Verwirrung im Rollenverhalten beider Geschlechter.

Ich bin ganz sicher keine Emanzipationsgegnerin. Ganz im Gegenteil. Mann und Frau sollten von ihrem beruflichen und sozialen Status her absolut die Gleichstellung in allen Bereichen bekommen und diese sollten sichergestellt sein.

Nur wenn es um die Liebe geht und um den Bereich der Partnerschaft haben sowohl die Frauen als auch die Männer nun mal unterschiedliche Urinstinkte/Zellerinnerungen in sich.
Welche eine Emanzipation im Bereich der Liebe nun mal unmöglich machen. Da können wir noch so viele Gesetze machen und für die Gleichheit plädieren, wie wir es wollen. Diese unsere Urinstinkte durch ein Gesetz oder eine Regelung der Gleichheit verändern zu wollen käme dem Versuch, einem Fisch das Laufen und Atmen zu lernen, gleich.
Es gibt nun mal Dinge, die unterliegen dem Gesetz von Mutter Natur.
Selbst wenn der Mensch sich noch so sehr bemüht, die Natur zu bezwingen, so wird es immer Bereiche geben, in denen er

sich dieser unendlichen Kraft und damit dem Gesetz der Natur unterwerfen muss. Was ich persönlich mehr als nur begrüße. Wie langweilig und eintönig wäre unser Leben, wenn uns die völlige Herrschaft über alles und jeden gelingen würde. Schon alleine der Gedanke tut mir weh und nimmt mir meine innere kindliche Freude an Überraschungen und der Neugierde auf die Welt und das Leben selbst.

So versteht es sich nun auch von selbst, dass so sehr wir uns bemühen, männlich zu sein, wir unsere Weiblichkeit niemals verleugnen könnten und das gilt natürlich auch anders herum.

Selbst wenn der Mann heute nicht mehr der alleinige Ernährer sein sollte, so wird es immer einen Bereich geben, welcher den Mann männlich macht und sich von uns unterscheidet. Selbst wenn es mittlerweile Hausmänner gibt, die ihre Aufgabe lieben und mit Leidenschaft leben, so werden wir auch hier, wenn wir mal ganz genau hinschauen und diese Paare ein wenig beobachten, etwas finden, was den Mann immer wieder in seiner Männlichkeit auszeichnet.
So auch die beruflich emanzipierten Frauen. Wir werden Bereiche finden, in denen die Frau unabhängig ihres Erfolgs und ihres Verdienstes einfach ihre Weiblichkeit unterstreicht und sich damit sehr klar von dem Mann unterscheidet.

Heute steht auch nicht mehr alleine die Samenvergabe des Mannes, um Nachkömmlinge zu zeugen, im Vordergrund einer Bindung/Beziehung.
Viele Paare entscheiden sich mittlerweile sogar ganz bewusst gegen Kinder und sind sich in diesem Punkt einig.
Doch der Akt des Geschlechtsverkehrs hat sich deshalb bis heute nicht verändert.
Bis heute noch besitzt der Mann den Penis und die Frau die Vagina.
Bis heute noch penetriert der Mann die Frau mit dem Penis (was bedeutet, dass er in sie eindringt).
Da können wir uns auf den Kopf stellen und mit den Beinen wackeln, dieser Akt ist eine unumgängliche Tatsache.

Ein Liebesakt erfordert ganz besonders von der Frau das allergrößte Vertrauen in den Mann. Denn schließlich ist sie es, die sich öffnet und sich völlig schutzlos dem Mann hingibt. Durch so eine sexuelle Vereinigung (= Verschmelzung) miteinander geschieht besonders bei der Frau weit mehr, als du es erahnen kannst.

Es ist ein Akt des Vertrauens und mit diesem Akt des Vertrauens wird ein ganz besonderes Hormon (= Oxytocin) ausgeschüttet.

Dieses besondere Hormon nennt man auch das Bindehormon zwischen den Paaren.

Der Mensch kann dieses Hormon Oxytocin nur auf zweierlei Art produzieren und ausschütten.

Zum einen beim Lachen. Deshalb ist uns Frauen, aber auch den Männern, der Humor bei dem erwählten Partner extrem wichtig (Siehe Kontaktanzeigen!).

Und zum anderen beim sexuellen Akt (Geschlechtsverkehr!).

Doch dieses Bindehormon Oxytocin wird nicht gleichermaßen bei dem Mann und bei der Frau während der sexuellen Vereinigung ausgeschüttet. Produziert wird es zwar gleichermaßen. Doch ausgeschüttet wird es leider in sehr unterschiedlichem Tempo.

Während die Frau die ganze Ausschüttung sofort erfährt, wird es beim Mann nur in kleinen überschaubaren Dosen aktiv.

Das erklärt, warum Männer sich viel mehr One-Night-Stands erlauben können, als wir Frauen.

Ein Mann fühlt sich nach dem ersten Sex mit der Frau noch lange nicht gebunden oder überhaupt verliebt.

Er ist in der Lage, dank seiner dosierten Ausschüttung des Oxytocin, hier wieder einen ganz klaren Schlussstrich ziehen zu können. Auch wenn der Sex mit der Frau einfach unbeschreiblich phänomenal war. So kann er das auch ganz einfach als ein besonders fabelhaftes Erlebnis wieder abhaken.

Die Frau hingegen wird nach der sexuellen Vereinigung bereits ihr erstes großes Thema der Sehnsucht nach erneutem Treffen und der erneuten Vereinigung erfahren dürfen.

Auch hier spielen unsere Urinstinkte eine wesentlich größere Rolle, als uns lieb ist.

Nicht nur, dass der Mann uns auf Grund unserer zu vorschnellen Bereitschaft für eine sexuelle Vereinigung als nicht geeignet für eine längere Beziehung mit ihm erachtet. Er kann uns tatsächlich auch ganz schnell wieder vergessen, da sein Verbindungshormon Oxytocin nicht im Geringsten aktiv dabei war. Sein unterbewusster Test, ob diese Frau seine Frau fürs Leben sein könnte, haben alle seine Urinstinkte mit "Nein" beantwortet.

Das Oxytocin des Mannes wird Stück für Stück bei der Eroberung einer Frau ausgeschüttet.

Seine sexuellen Fantasien und sein sexueller Trieb sorgen für eine kontinuierliche Ausschüttung dieses Hormons beim Warten auf die erste sexuelle Vereinigung.

Sein männlich ausgeprägter Jagdinstinkt sorgt für eine verpflichtende Eroberung dessen, was er nicht so leicht bekommen kann.

Männer, die warten müssen, die Absagen von uns Frauen erhalten und für die wir Frauen das größte Geheimnis überhaupt sind, werden fast verrückt vor Sehnsucht nach dieser einen besonderen Frau. Ihr Urinstinkt befiehlt ihnen geradezu, immer weiter dranzubleiben. Denn ganz offensichtlich haben sie etwas sehr sehr wertvolles an der Angel. Ein Aufgeben ist bereits nach der ersten Absage oder Zurückhaltung während eines Dates von der Frau ausgehend einfach nicht mehr möglich für ihn. Jetzt muss er dranbleiben, ob er will oder nicht.

Eine Frau dagegen, welche sich unwissend darüber einem Mann bereits beim ersten Date hingegeben hat, wird dank der vollen Oxytocin-Ausschüttung Sehnsucht verspüren (meistens jedenfalls. Es gibt natürlich auch Ausnahmen!).

Ihre Urinstinkte befehlen ihr den Bindungsdrang. Da man ja früher immer damit rechnen musste, dass ein Kind bei der Vereinigung entsteht, zwingen sie ihre Zellerinnerungen zu einem Verbindungsdrang.

Sie wird sich verlieben, geliebt und als etwas ganz Besonderes fühlen. So lange, bis sie merkt, dass der Mann auf Rückzug geht.

Dann wird sie sich fragen, was mit ihr nicht stimmt?

Schließlich leben wir im Zeitalter der Emanzipation und die Medien und viele Filme und Serien leben uns doch eine sexuelle Offenheit vor. So wird die Frau, ganz fest in dem Glauben, dass mit ihrer Person etwas nicht stimmen kann, für sich zurückbleiben. Schmerz und Kummer über die plötzliche Distanz des Mannes werden sie für eine Weile begleiten.

Statt sich beim nächsten Anwärter zu entsagen, wird sie versehentlich die Dinge wiederholen. So wird sie eine Erfahrung nach der anderen machen müssen, bis sie endlich bereit dazu ist, ihre Strategie und damit ihr Verhalten zu ändern.

Dabei wäre es bereits im Vornherein schon sehr einfach, wenn wir uns nicht dauernd von den Medien und der angeblichen Emanzipation zu sehr einwickeln lassen würden.

Sehen wir die Dinge doch mal ganz neutral und objektiv.

Wir Frauen sind etwas ganz Besonderes.
Wir sind die Prinzessinnen unter der Schöpfung "Mensch".
Wir sind anmutig, geheimnisvoll, besitzen einen wunderschönen und anmutigen Körper, wir sind sinnlich und kindlich-romantisch zugleich...wir sind mit einem Wort perfekt.
Lasst und alle die Einzigartigkeit unserer selbst erkennen und lieben wir uns doch endlich dafür, dass wir weiblich und damit faszinierend sind (Buchtipp: Secrets, sich selbst lieben lernen und sein Selbstbewusstsein stärken!).
Erlauben wir den Männern endlich, wieder uns zu erobern, uns zu jagen und uns, sobald sie sich unserer würdig erwiesen haben, zu erlegen.
Schenken wir ihnen ihre Männlichkeit und lassen sie um uns kämpfen.

Gelingt es uns, den Männern dieses wunderbare Geschenk ihrer Männlichkeit zu schenken, so werden sie uns bis an das Ende ihrer Tage lieben, verehren und sogar vergöttern.

Ein Mann, der seine Männlichkeit leben darf, wünscht sich nichts sehnlicher, als eine Beziehung und die Zweisamkeit mit dieser Frau, die ihn ganz Mann sein lässt.

Männer brauchen Aufgaben, um sich männlich zu fühlen:

Bei allen Menschen ist zu wissen wichtig, ob sie aus der Not, aus der Eitelkeit, aus der Langeweile oder aus der Liebe schaffen"

Walther Rathenau

Männer brauchen Aufgaben!
Männer wollen sich über männliche Aufgaben beweisen können.
Seit es die Gattung "Mann" gibt, hatten Männer schon immer das Bedürfnis, über männliche Tätigkeiten und bestimmte männliche Fähigkeiten ihre Männlichkeit unter Beweis stellen zu können.
Es ist ihre Art, sich männlich auszudrücken.
Ein Mann wird dies nie so wie eine Frau können, sich über die Sprache alleine männlich darstellen zu können.
Er wird immer bemüht sein, sich über sein Tätigkeitsfeld männlich zu machen.
Auch hier ist der Ursprung dieser männlichen Ausdrucksform in der Steinzeit zu finden.
Die Möglichkeit, sich über die Sprache zu definieren, war damals einfach noch nicht gegeben.
Und so blieb dem Mann nur diese eine Ausdrucksform, über ganz gezielte männliche Tätigkeiten seine Stärke und damit seine Männlichkeit hervorzuheben.
Männer waren und sind uns bis heute zum Teil noch körperlich einfach überlegen.
Ihre Körperbeschaffenheit ermöglicht ihnen einen schnelleren Muskelaufbau, als es bei uns Frauen der Fall ist.
Im Durchschnitt sind Männer größer gewachsen als wir Frauen. Ihre Rücken- und Bauchmuskulatur ist ausgeprägter als bei uns Frauen.
Ihre Hände und Füße sind größer gewachsen, als die von uns Frauen.

Auch das hat ganz klar seine Wichtigkeit und Richtigkeit. Denn nur auf Grund seiner Körperbeschaffenheit konnte ein Mann die Frau, welche eher kleiner und feiner war, beschützen.

Bis heute gibt es noch sehr viele Frauen, die die körperliche Beschaffenheit eines Mannes als Mitkriterium in ihre Partnerwahl miteinbeziehen.

Ein kleiner schmächtigerer Mann, als die Frau es ist, muss definitiv andere männliche Qualtäten besitzen, um erwählt zu werden.

Die Herzintelligenz eines Mannes ist immer mehr im Begriff, die körperlich-männliche Beschaffenheit einzuholen.

Immer mehr Frauen legen auch Wert auf gute Gespräche, ein empathisches Einfühlungsvermögen und ganz wichtig den richtigen Humor.

So hat ein Mann, welcher die Frau zum Lachen bringen kann, immer mehr an Wertigkeit gewonnen.

Ein eingebildeter Muskelprotz hingegen kann mittlerweile dem Mann mit Humor gegenüber zur zweiten Wahl werden.

Sollte sich jedoch beides vereinen, so siegt der männlichere Körperbau nach wie vor noch.

(Fast) Jede Frau wünscht sich die berühmte starke Schulter zum Anlehnen an ihrer Seite.

Da aber eben nicht jeder Mann diese berühmte starke Schulter verkörpern kann, wird der Mann bemüht sein, sich über berühmt berüchtigte typisch männliche (evtl. handwerkliche) Fähigkeiten ausdrücken zu wollen.

Es wird immer irgendwelche Dinge geben, welche der Mann besser kann, als die Frau und auch anders herum.

Doch auch wir Frauen haben uns weiterentwickelt. Wir stehen den Männern in (fast) nichts mehr nach.

Alles sehen wir als erlernbar und können uns was immer wir für nötig halten selbst aneignen.

Tja, und so haben wir unbewusst und unwillentlich dem Mann eine wichtige Ausdrucksmöglichkeit seiner Männlichkeit einfach mal so wegrationalisiert...

Das bedeutet damit aber keinesfalls, dass dieses Bedürfnis des Mannes, sich männlich zu profilieren, wegrationalisiert wurde.
So sind die Männer gezwungen worden, sich auf eine immerwährende Suche nach Möglichkeiten, ihre Männlichkeit darstellen zu können, zu begeben.

Wir Frauen hingegen haben uns auf Grund der Emanzipation und der immer weiter ansteigenden Singlerate in die Unabhängigkeit hinein entwickelt.
Darauf sind wir (zum Teil) mittlerweile auch sehr stolz.

Doch ich frage dich mal ganz ernsthaft...wenn wir das Ganze mal umdrehen würden und die Männer hätten sich in ihrer Unabhängigkeit dahingehend entwickelt, dass sie die Kinder jetzt selbst gebären könnten, wo wäre dann unsere Weiblichkeit noch?
Was würde uns überhaupt noch von einem Mann unterscheiden?
Womit könnten wir unserem besonderen weiblichen Status überhaupt noch Ausdruck verleihen?
Ok, wir könnten mehr Röcke und Kleider tragen. Und???
Und jetzt kommen die Männer und tun uns das einfach gleich...hmmmm...
Ok, wir könnten unseren Busen etwas mehr betonen. Doch jetzt lassen sich die Männer einfach mal ein Brustimplantat verpassen.
Tja, langsam würde es für uns Frauen und unseren besonderen weiblichen Status ziemlich eng werden.

Genau so geht es den Männern.
Indem wir Frauen uns alles selbst aneignen, nehmen wir den Männern ihren besonderen männlichen Status...und sind auch noch stolz darauf...(irgendwie traurig, oder?)

Selbst wenn wir nicht über alle männerspezifischen Fähigkeiten verfügen sollten, haben wir (leider) einen (falschen) Stolz in uns entwickelt, die Männer um ihre Hilfe zu bitten.
Da brechen wir uns vorher lieber unseren Arm oder unser Bein oder wir bekommen einen Bandscheibenvorfall, bevor wir

einem Mann gegenüber zugeben wollen, dass diese Sachen eindeutig zu schwer für uns sind.

Ja, wir Frauen müssen uns das leider selbst eingestehen, dass wir diesbezüglich ziemlich stur und eigen geworden sind.

Wir haben ein riesengroßes Thema damit, die Hilfe eines Mannes anzunehmen.
(Merkwürdig! Denn für evtl. sexuell vorschnelle Aktivitäten sind wir schneller bereit, als dem Mann die Chance, seiner Männlichkeit Ausdruck in dieser Form zu verleihen, zu schenken!!!)

Wir Frauen wollen auf keinen Fall und unter gar keinen Umständen mehr in die Abhängigkeit eines Mannes geraten.
Dafür verzichten wir auf jede Art der Hilfe.

So entmannen wir den Mann gleich mal auf mehrerlei Art und Weise.

Dank des Onlinedatings fällt das Eroberungsritual des Mannes weg. Dank der Emanzipation und unseres (falschen) Stolzes gibt es auch nichts mehr für den Mann zu tun, was ihm die Gelegenheit schenken könnte, seine Männlichkeit auszudrücken.

So entwickeln wir uns ganz unbewusst, leise, still und heimlich von unseren eigentlichen Ursprungsrollen weg. Wir entfernen uns immer mehr von der Möglichkeit der Zweisamkeit. Obwohl wir die Sehnsucht danach gleichermaßen in uns tragen. Irgendwie schizophren!
Wir alle (Mann und Frau) wünschen uns eine harmonische Beziehung und Liebe in unserem Leben und verbannen aber dennoch alles, was den Mann männlich sein lässt, daraus.

So, meine lieben Mädels...und ich bin der Meinung, dass wir das doch bitte wieder ändern sollten.

Im Grunde sind wir Frauen doch das überlegene Geschlecht. Doch wir sollten das bitte nicht in jeder Sekunde und Phase unseres Lebens erneut beweisen.

Hier wäre es sehr gut, auch mal das berühmte "schwache Geschlecht" zu verkörpern (auch wenn wir das in Wahrheit nicht sind!).

Wovor haben wir eigentlich Angst, wenn wir uns das aber einfach mal erlauben würden?

Wenn wir uns eingestehen, dass bei den ein oder anderen Tätigkeiten ein Mann jetzt ganz nützlich wäre?

Die Rolle des Mannes kann doch nicht nur sein, uns sexuell zu befriedigen. Wir sollten ihm vielleicht auch noch andere Bereiche einräumen, in denen er ganz männlich sein darf.

Sonst brauchen wir uns eines Tages nicht zu wundern, dass der Mann dann auch tatsächlich nur noch in seiner (zwangs-) zugewiesenen Rolle fungiert.

Was für einen Sinn sollte der Mann sonst bitteschön überhaupt noch in einer Beziehung sehen?

Nur die Kinder zu machen?...und diese Frage stellt sich bei so vielen Paaren überhaupt nicht mehr.

Uns würde doch bestimmt keine Perle aus unserer Krone fallen, wenn wir dem Mann hin und wieder das Gefühl schenken würden, dass er auf Grund seiner Männlichkeit auch unsere Bewunderung und Anerkennung dafür bekommt. Für seine Fähigkeiten, die ganz speziell den "Mann" ausmachen.

Ein Mann, der so eine Partnerin gefunden hat, wird sich unendlich glücklich schätzen.

Denn der Mann hat neben dem Wunsch nach der Liebe und der Partnerschaft einfach zusätzlich das Urbedürfnis, seine Partnerin glücklich machen zu wollen.

Ja, er liebt es geradezu, wenn er sich für das Glück der Partnerin verantwortlich fühlen darf.

So fängt er damit an, sich wohlzufühlen. Ein Gefühl von Geborgenheit und des Zuhausefühlens.

Dieser Mann wird dich zu seiner Prinzessin in seinem Leben machen. Nicht nur dass er sehr gerne und mit Freude nach Hause kommt. Er wird auch nie wieder gehen wollen.

Das bedeutet jetzt aber auf keinen Fall, dass du wie ein Feldwebel hinter dem Mann stehst und ihm befiehlst, was er zu tun hat! Oh...wow...dieser Schuss würde vermutlich ganz schnell in die falsche Richtung losgehen.

Es gehört schon etwas Feingefühl und weibliche Intuition dazu, die Männlichkeit eines Mannes rauszukitzeln.
Dazu ist in erster Linie mal ganz wichtig, zu wissen, welche Eigenschaft die Frau denn weiblich und welche Eigenschaften den Mann denn männlich machen.

Mittlerweile wissen wir, dass es zum Teil auch mit der körperlichen Überlegenheit des Mannes zusammenhängt. Aber nicht nur diese alleine könnte die männlichen Faktoren hervorheben.
Auch die geistige Intelligenz und die Herzintelligenz können uns die Möglichkeit schenken, den Mann in seiner Männlichkeit wirken zu lassen.
Je nach Mann wirst du für dich erkennen dürfen, wo sich seine Schwerpunkte und damit seine besonderen Fähigkeiten befinden.
Ganz genau in diesen Fähigkeiten liegt deine Chance, dich weilblich und damit etwas kleiner als der Mann zu geben.

Ein Beispiel:
Als ich neulich in einer Drogerie einkaufen war (alleine), stand neben mir ein Pärchen in der Waschmittelabteilung.
Die Frau wollte eine ganz bestimmte Sache aus einem der oberen Regale. Statt ihren Partner, welcher bestimmt 10 cm größer als sie selbst war, um Hilfe zu bitten, fing sie an, das Regal nach oben zu klettern.
Ihr Mann beobachtete sie dabei und wurde ganz plötzlich sehr ärgerlich darüber, dass sie ihn nicht um Hilfe gebeten hatte.
Doch dann war es schon zu spät und sie hatte sich ihren Artikel aus der oberen Reihe ganz alleine anstrengend erkämpft.
Ziemlich nutzlos und etwas frustriert stand der Gute dann da und wusste nicht, was er sagen sollte.
Auch ich benötigte einen Artikel aus der oberen Reihe. Da mir dieser Mann in der zwischenzeit ziemlich entmannt vorkam, nutzte ich die Gelegenheit, das Ganze wieder in die geordneten Bahnen zu lenken. So habe ich ihn um Hilfe gebeten und habe dabei ganz bewusst auf seine Körpergröße und damit auf seine Überlegenheit angespielt.

Sichtlich erfreut darüber, dass er mir diesen Gefallen tun durfte, erhob er sich zu seiner vollen Größe und fing dabei an, etwas zu grinsen.

Ja, jetzt war seine Welt wieder in Ordnung. Die Rollenverhältnisse waren wiederhergestellt und sowohl ich als auch er fühlten uns dabei einfach nur sehr gut.

Solche Gelegenheiten nutze ich, seit mir die Rollen beider Geschlechter sehr bewusst sind, immer mehr und mehr.

Je mehr ich darauf achte, desto mehr Gelegenheiten bieten sich mir auch merkwürdigerweise.

(im Übrigen lernt man dabei auch ganz tolle Männer kennen☺)

Und was soll ich sagen…nach dem auch ich sehr viele Jahre zu den Frauen mit dem falschen Stolz gehört habe, liebe ich solche Gelegenheiten heute geradezu und ich fühle mich einfach nur großartig dabei.

Die Scheu, um Hilfe zu bitten und die Angst, dabei in eine unkontrollierbare Abhängigkeit zu geraten, habe ich mittlerweile vollkommen abgelegt.

Mein Partner liebt mich dafür, dass ich mir bei ganz bestimmten Dingen helfen lasse und ich zeige ihm meine Dankbarkeit und meine Freude darüber mit allergrößtem Vergnügen.

Bedauerlich war es, dass ich es tatsächlich selbst erst wieder lernen musste, mich ganz weiblich zu zeigen. Doch die Männer haben es mir so leicht dabei gemacht. Denn sie haben sich mit ihrer Freude über meine Bitte um ihre Hilfe nicht hinter dem Berg gehalten.

Im Gegenteil!

Einmal auf dem Flughafen war mein Koffer mir einfach zu schwer, um ihn vom Gepäckband zu heben. So habe ich einfach eine Gruppe Männer, welche zusammenstanden, um ihre Hilfe gebeten. Zu meiner freudigen Überraschung hat nicht nur einer seine Hilfe sofort angeboten. Nein, die ganze Gruppe Männer war sowas von beflissen, mir meinen Koffer herunterheben zu dürfen…ganz süß☺.

Meine lieben Mitprinzessinnen, deshalb möchte ich euch von ganzem Herzen dazu auffordern:

Lassen wir den Mann wieder männlich sein! Schenken wir ihm Gelegenheiten, uns helfen zu dürfen

So erlauben auch wir uns einfach wieder, ganz "Frau" und damit ganz weiblich sein zu dürfen.

"Es sind ganz oft die kleinen Gesten im Leben, welche unterbewusst die größten Geschenke für beiderlei Geschlechter in sich tragen" *Sigrid Hornstein*

Lassen wir uns doch den Einkauf in die Wohnung tragen!
Lassen wir doch den Mann uns die Füße oder den Nacken massieren!
Lassen wir uns doch vom Mann das Regal an die Wand machen!
Lassen wir ihn doch den Antrag für die Versicherung oder die Steuer ausfüllen!

Trauen wir uns endlich wieder, den Mann (je nach seinen Fähigkeiten) zu nutzen und schenken wir ihm und uns damit die Freude, uns weiblich geben zu dürfen!

Männer lieben Frauen mit Prinzipien:

"Aus der Ordnung kommt alle Schönheit her, und diese Schönheit erweckt Liebe"

Gottfried Wilhelm Leibniz

Frauen mit Prinzipien erwecken in Männern eine Sicherheit, welche einer inneren Ordnung gleichkommt.

Doch was genau meine ich denn mit Prinzipien?

Ein **Prinzip** (Plural: *Prinzipien*; von lat. *principium* = Anfang, Ursprung) ist das, aus dem ein anderes seinen Ursprung hat.[1] Es stellt eine gegebene Gesetzmäßigkeit dar, die anderen Gesetzmäßigkeiten übergeordnet ist (der Begriff Gesetzmäßigkeit ist hier im Einzelfall ersetzbar durch Begriffe wie Gesetz, Naturgesetz, Regel, Richtlinie, Verhaltensrichtlinie, Grundsatz oder Postulat). Im klassischen Sinne steht das Prinzip zwingend an oberster Stelle, im alltäglichen Sprachgebrauch wird dies aber weniger streng gehandhabt. Darüber hinaus gibt es einen Begriff von Prinzip, der eine Verkettung von Gesetzen (Regeln etc.) erlaubt (z. B. Prinzip der sozialen Marktwirtschaft). Die konkrete Bedeutung ist kontextabhängig.

(Quelle: Wikipedia)

Man könnte es also so sehen, dass Prinzipien einer Art Gesetz folgen. Es gibt Regeln, welche für den einzelnen von überlebensgroßer Bedeutung sind.
Bei der Entscheidung für einen Partner folgen fast alle Menschen ihren Prinzipien.
Wir wissen (meistens jedenfalls) ziemlich genau, was wir wollen und damit natürlich auch was wir nicht wollen.
Unseren Prinzipien treu zu bleiben gelingt uns auch solange sehr gut, bis die Liebe und damit die Gefühle ins Spiel kommen.

Abermals ist die Liebe der Männer zu den Prinzipien im Ursprung ihrer Urinstinke zu finden.

Prinzipien zu haben bedeutet, ganz genau zu wissen, was man will und was nicht.

Damit entsteht eine Ordnung, welche dem Mann eine gewisse Sicherheit und Geborgenheit schenkt.

Da wir Frauen für den Mann ohnehin bereits mysteriös genug sind, wünscht sich ein Mann nichts sehnlicher, als eine Art Gebrauchsanweisung für die Frau zu besitzen.

Den s.g. goldenen Schlüssel zu ihrem Herzen.

Der Mann möchte die Frau unter allen Umständen glücklich machen und ihre Prinzipien sind ein wichtiger Bestandteil dafür.

Die klaren und festen Prinzipien einer Frau sind dankbare To-Do-Listen für den Mann.

Sollte eine Frau das Prinzip der Treue haben, ist das ein großartiger Wegweiser ins Glück für den Mann.

Ein Treue-Prinzip unterstreicht den Wert der Frau ungemein.

Erneut darf sich der Mann dann glücklich schätzen, dass er der auserwählte ist.

Zugleich besitzt er das Wissen darum, dass diese Frau auch in den Verlust gehen könnte, wenn er sich selbst als untreu erweist.

So wird aus der Liebe und Partnerschaft kein Spiel, das über keine Regeln verfügt.

Ganz im Gegenteil! Die Liebe und die Beziehung werden zu einer Bereicherung des Lebens durch die vorgegebene Ordnung darin.

Es ist uns Frauen zu empfehlen, unsere Prinzipien und damit unsere Gos und No-Gos von Anfang an gleich zu äußern.

So wirken wir nicht nur unglaublich sexy, weiblich und anziehend auf den Mann. Wir können darüber hinaus auch gleich ganz clever darin einfließen lassen, was uns glücklich macht und was nicht.

(Nur eines bitte auf gar keinen Fall. Erwähne dabei niemals all die Fehler deines Ex-Partners. Denn damit geht der Reiz an dir verloren. Die Gedanken des Mannes würden ihm sofort sagen, dass sich hier schon mehrere Männer die Zähne ausgebissen haben und es ganz offensichtlich noch keinem seiner Mitstreiter gelungen ist, dich glücklich zu machen).

Bleibe vielmehr im Jetzt und Hier und erzähle von dir und deinen Fantasien.

Ob du es glaubst oder nicht, jeder Mann speichert solche Informationen deiner Prinzipien sofort als ganz wertvolle Hilfe für die Eroberung deines Herzens ab.

Natürlich ist es zu allererst mal sehr wichtig, dass du dir überhaupt selbst im Klaren darüber bist, was du willst und was du nicht willst. Was dich glücklich macht und was dich unglücklich macht?

Wobei du das Thema, was dich unglücklich macht, bitte eher meiden solltest. Das wäre das Pferd von hinten her aufzuzäumen.

Bleibe stets positiv und erwähne deine positiven Wünsche!

Nur bei den Prinzipien darfst du sagen, welche Dinge für dich ein absolutes No-Go bedeuten.

Z.B. sich einfach nicht mehr zu melden!

Oder angelogen zu werden!

Oder, oder, oder...

Hier solltest du deine ganz eigenen Prinzipien haben bzw. entwickeln.

Da wir Menschen alle sehr unterschiedliche ureigene Gesetzmäßigkeiten entwickeln. Natürlich können sich deine Prinzipien von Zeit zu Zeit oder von Beziehung zu Beziehung auch ändern. Doch gerade zu Beginn des Kennenlernens solltest du dir deiner festgelegten Prinzipien schon sehr bewusst sein.

Diese können und dürfen durchaus auch dann zum Teil ein Gesprächsinhalt eurer ersten Dates sein.

Nur achte darauf, dass du nicht zu fordernd oder pedantisch dabei rüberkommst.

Ab und an mal das ein oder andere Prinzip einfließen zu lassen reicht völlig aus, um in dem Mann den Jagdinstinkt zu erwecken.

Gleichermaßen zeigst du deine Wertigkeit auf und forderst ihn damit erneut heraus, dich unbedingt haben zu wollen.

"Alles hat seine Wirkung, wenn es in Maßen geschieht und in gut portionierten Dosen verabreicht wird!"

Zu meinem allergrößten Bedauern stelle ich immer wieder fest, dass wir Frauen schon unsere Prinzipien haben. Doch sobald die Gefühle und damit die Liebe ins Spiel kommen, wir unsere Prinzipien schneller über Bord werfen können als der Angler seine Angelrute auswerfen wird.

So könnte z.B. eines unserer Prinzipien sein, nicht gleich beim ersten Date mit dem Mann ins Bett zu gehen.
Jetzt wirkt er aber so charmant und unser Gefühl will uns weißmachen, dass es sich hier um etwas ganz Besonderes handelt.
Ja, das tut es vermutlich im Übrigen nicht nur mit uns. Auch die Männer verstehen es ganz wunderbar, uns das Gefühl zu vermitteln, etwas ganz Besonderes zu sein für ihn.
Um an ihr Ziel zu kommen sind die Männer um kein Wort der Schmeichelei und Schöntuerei verlegen.
Worte, nach denen wir uns (möglicherweise schon sehr lange) sehnen. Worte, welche wir wie ein völlig ausgetrockneter Schwamm aufsaugen.
Alle unsere schönen Prinzipien schmeißen wir, blind vor Liebe, im Rausch der Gefühle, einfach mir nichts, dir nichts über Bord.

Vielleicht haben wir uns davor noch mit diesem unserem wunderbaren Prinzip gebrüstet, "nicht beim ersten Date mit einem Mann ins Bett zu gehen?"
Möglicherweise haben wir ganz genau damit den Mann in seiner Testphase aufgefordert und diesen urinstinktiven Test bei ihm aktiviert.
Denn wie wir mittlerweile wissen, muss der Mann die Frau genau dahingehend testen, bevor er sich für eine Partnerschaft mit ihr entscheiden kann.
Die große Frage stellt sich somit auf beiden Seiten.

Der Mann bekommt eine positive Antwort auf seinen Test bei einer Abfuhr seitens der Frau.
Jetzt ist sie spannend für ihn. Jetzt kann er sicher sein, dass er etwas ganz Besonderes vor sich hat. Er weiß jetzt ganz genau, dass diese Frau ihre Gefühle im Griff hat. Damit hat sie ihm ihre Beständigkeit und Treue auch während der bevorstehenden Partnerschaft bewiesen.

So wird er sich schon in ganz kurzer Zeit komplett an diese Frau verschreiben. Ein Aufgeben und Zurückziehen ist damit für ihn nicht mehr möglich.

Während wir Frauen seinem Charme erlegen sind. So bilden wir uns ein, dass dieser Mann jetzt etwas ganz Besonderes für uns ist.
Seine Worte und diese Innigkeit und Einigkeit während des Sex können uns doch nicht täuschen.
Hat er nicht gemerkt, wie schön und einmalig es mit uns ist?
Wir waren gut...das steht außer Frage!!!
Warum nur zieht er sich jetzt so rasant und ohne eine Erklärung wieder zurück?
Außerdem haben wir ihm doch gesagt, dass wir das sonst niemals so schnell zulassen würden.
Wir haben ihm doch ganz klar unsere Prinzipien gesagt.
Was ist da passiert?

Ja, die Frau hat ihm seine Prinzipien aufgezählt. Nur hat sie sich leider überhaupt nicht daran gehalten.

So scheint die Frau mit ihren Prinzipien für den Mann so hart und eisern wie Pudding zu sein.

Der Mann muss davon ausgehen, dass das, was die Frau sagt und was (angeblich) ihre Prinzipien sind, doch eher dahergesagte Phrasen (Spiel) sind.
Sein Interesse an ihr ist somit plötzlich weg! Er hatte sie bekommen. So kann er sich auf die Schulter klopfen und fühlt sich darüber hinaus in seiner Männlichkeit auch noch bestätigt.

Es gibt noch unzählige andere Prinzipien, mit denen wir Frauen sehr gerne hausieren gehen.
Z.B. habe ich mich immer damit gebrüstet, dass wenn ein Mann sich bei mir nicht mehr meldet, ich auf keinen Fall diejenige sein werde, die das dann tun wird.
Doch was soll ich euch erzählen?
In meiner Sehnsucht und in meinem Herzschmerz habe ich mich immer wieder zu Nachrichten hinreißen lassen.

Ich wollte ihn sooo sehr und ich kann mich doch unmöglich so in ihm getäuscht haben. Er muss doch das gleiche gefühlt und gespürt haben, wie ich.

Und so habe ich all meine Prinzipien einfach in den Wind geschossen und ihn mit Messages (=Nachrichten) schon fast bombadiert.

Wie armselig und klein kam ich mir dann vor, als schon bald überhaupt keine Antwort mehr von ihm gekommen ist.

So ist mit mir etwas Spannendes geschehen.

Eines Tages musste ich für mich erkennen, dass ich im Mangeldasein lebte.

Ich hatte keine Prinzipien. Ich war bedürftig! Bedürftig nach Liebe und Anerkennung eines Partners.

Und jetzt dürfen wir uns alle mal fragen, wie sehr uns bedürftige Menschen anziehen?

Wie oft kommt es vor, dass wir uns in einen Clochard (wörtliche Übersetzung = Wohnsitzlose) verlieben? (Bitte nicht falsch verstehen! Ich möchte hier wirklich niemanden denunzieren oder schmälern…dieses Beispiel zeigt nur sehr klar auf, wie wir gefühlsmäßig dazu stehen).

Wir alle haben das Bedürfnis, irgendeiner Gruppe anzugehören (da uns das unbewusst, durch unseren Urinstinkt, das Gefühl gibt, dass unser Überleben damit gesichert ist).

Die wenigsten Menschen entscheiden sich dabei für die Gruppe der Bedürftigen.

Doch komischerweise machen wir das schleichend und unbewusst, wenn es um die Liebe geht.

Wir werden bedürftig!!!

Zumindest ist es mir lange Zeit so gegangen.

Frauen, die ihre Prinzipien wirklich leben und ihnen treu bleiben, haben keine Angst vor einem Mangelgefühl.

Sie wissen um ihren Wert. Sie lieben sich selbst (Tipp: Secrets, sich selbst lieben lernen und sein Selbstbewusstsein stärken).

Sie lieben sich uneingeschränkt und bedingungslos so, wie sie sind. Jedes Gramm an ihnen ist pure Magie. Ihr Lachen verzaubert die Welt. Ihre Einzigartigkeit ist so wertvoll und verdient eine Eroberung. Wer das nicht sehen kann, der hat eben Pech gehabt.

Eine Frau in ihrer Selbstliebe (aber genauso der Mann) ist die Wunscherfüllung schlechthin.

Deshalb lieben die Männer die Frauen mit Prinzipien. Weil sie keine Angst vor einem Verlust haben.
Weil sie sich ihres Wertes vollkommen bewusst sind. Weil man mit diesen Frauen Pferde stehlen kann.
Das sind die richtigen Partnerinnen für eine gemeinsame Zukunft.
Ein Mensch in seiner Selbstliebe ist die Liebe selbst. Nichts kann und wird diesen Menschen jemals ängstigen. Denn er weiß zu 100%, dass er sich in jeder Situation immer alles selbst geben kann. Dieser Mensch hat keine Verlustängste. Er wird sein Glück niemals von einem anderen abhängig machen. Denn er hat bis ins Mark verinnerlicht, das er sich selbst glücklich machen kann. Dass er nicht auf andere angewiesen ist.
Hier kann und wird sich der Mann sehr gerne fallen lassen. Er ist verzaubert von ihrer Selbstliebe, ihren Prinzipien und ihrer Magie.
Sein allergrößter Wunsch wird es sein, hier ein Stück von diesem Zauber der Liebe bekommen zu dürfen.

Werde dir über deine Prinzipien bitte sehr klar. Halte unter allen Umständen daran fest. Lebe sie zu 100%.
Das macht dich unwiderstehlich und gleichzeitig wahrhaftig.
Ganz egal, wie schwer dir das "Nein" auch fallen mag.
In diesem Falle ist dein "Nein" der Schlüssel zum ewigen "Ja" des Partners.

Ein Mann spricht nicht (ungerne) über seine Gefühle:

"Wenn ein Mann ein Mann ist, kann man es nicht aus ihm herausprügeln"

Mark Twain

Ein Mann braucht auf Grund seines etwas anderen Zeitgefühls viel mehr Zeit, bis er sich zu einer Beziehung und damit zu seinen Gefühlen bekennt.

So kann es vorkommen, dass ein Mann, obwohl er sich stetig und verlässlich mit uns trifft und Zeit verbringt, sich noch lange nicht gebunden fühlt.

Für uns Frauen ist das vermutlich nach ein paar Treffen und wunderschönen gemeinsam erlebten Momenten bereits eine ganz klare Sache. Wir sehen uns in dieser Beziehung zum Mann schon längst sehr eindeutig. So sind wir für eine gemeinsame Zukunft mittlerweile längst bereit. Natürlich wünschen wir uns dann auch die entsprechenden Gespräche mit dem Mann. Wir wollen wissen, was er denkt, was er fühlt und wie er sich unsere gemeinsame Zukunft vorstellt?

Der Mann dagegen ist noch lange nicht auf unserem Level. Für ihn sind die ersten Treffen und die gemeinsam erlebten Stunden zunächst nur ganz wohltuende und willkommene Abwechslungen zu seinem stressigen Alltag.

Während wir uns gebunden fühlen, fühlt der Mann sich einfach nur im Jetzt und Hier sehr wohl!

Während wir Nägel mit Köpfen machen wollen, will er sich nur von seinem Alltagsstress befreien.

Auch hier stehen der Urinstinkt des unterschiedlichen Zeitgefühls und natürlich auch die unterschiedliche Ausschüttung des Bindehormons Oxytocin ganz klar konträr zueinander.

Das Letzte, was der Mann im Anfangsstadium des Kennenlernens wirklich gebrauchen kann, ist, ihn auf seine Gefühle zu uns festzunageln.

Tatsächlich verliebt sich der Mann in wesentlich langsamerem Tempo als die Frau.
Wenn ein Mann im Begriff ist, sich zu verlieben, so beginnt erstmal eine verwirrende Gefühlszeit für ihn.
Das kann unter Umständen bis zu drei Monaten dauern.

In dieser Zeit kann er, selbst wenn er es benennen wollte, seine Gefühle nicht im Geringsten einordnen.

Ich habe sooo viele Männer bei mir in meiner Praxis gehabt, die sogar der Meinung waren, sie hätten einen Magen-Darm -Infekt. Dabei waren sie nur im Begriff, ernste und wahre Gefühle der Liebe zu entwickeln.
Sie beschrieben es als innerliche Unruhe, als eine Art Bauchgribbeln. Irgendetwas konnte gesundheitlich mit ihnen nicht stimmen.
Gleichzeitig waren die permanenten Gedanken an diese Frau da. Sobald sie an ihre Herzdame gedacht haben, kam dieses undefinierbare Gribbeln.
Sie erzählten mir, dass sie sich bei ihr ganz einfach sehr wohl fühlen würden. Irgendwie so, als würden sie zu Hause (aus dem Duden = Ziel) sein.
Sie könnten bei ihr einfach mal alles vergessen und ihre Gedanken an den stressigen Alltag loslassen.
Natürlich verspürten sie den Drang, immer öfter nach Hause gehen zu wollen.
Niemals wären sie am Anfang auf die Idee gekommen, diesen Drang mit dem Wort Sehnsucht zu benennen.

Noch immer hatten sie die Befürchtung, dass ihnen ja auch etwas noch viel Besseres begegnen könnte. Sie könnten doch auch die Frau fürs Leben verpassen, während sie bei dieser Frau, die ihnen das Gefühl der Geborgenheit schenkt, sind.

Auch hier unterliegt der Mann abermals der Fremdsteuerung seiner Urinstinkte.

Ein Mann aus der früheren Zeit durfte nicht sofort all seine Sinne und sein geistiges Bewusstsein an die erstbeste Frau verlieren.

Es gibt ein Sprichwort:

"Liebe macht blind!"

Blind zu sein konnte der Mann von früher sich einfach nicht erlauben. Schon gleich gar nicht am Anfang einer Beziehung. Immerhin war er (zur damaligen Zeit) als der Alleinversorger verantwortlich.

Über irgendwelche Gefühle auch noch zu sprechen, bedeutete definitiv den Untergang der Menschheit.

Gefühle waren Frauensache und die Stärke und die rationale Planung waren nun mal die Sache des Mannes.

Immer wieder kommt es vor, dass wir Frauen dazu neigen, den Mann mit unseren Gefühlen zu überholen. Was auch überhaupt nicht schlimm ist. Ganz im Gegenteil! Sich seiner Sache in puncto Gefühle, Liebe und der Partnerwahl sicher zu sein, ist ein riesiger Bonus von uns Frauen.

Die Problematik besteht nur darin, dass wir unsere eindeutigen Gefühle viel zu früh äußern.
D.h. wir dürfen sie zwar in uns fühlen und auch genießen, aber wir dürfen sie **noch** nicht äußern.
Ideal wäre es, wenn wir uns damit solange Zeit lassen würden, bis der Mann damit beginnt, es zu verbalisieren.
Und dazu muss er sich seiner Gefühle erst zu 100% bewusst sein. Er fühlt die Liebe zu dir sicherlich schon genau so intensiv wie du, nur kann er seine Gefühle einfach noch nicht benennen.

Wenn wir den Mann mit unserem Geständnis der Liebe zu ihm überholen, sollten wir uns auch mal fragen, warum wir es eigentlich so eilig damit haben? Was genau wollen wir eigentlich damit bezwecken?

Denn leider geschieht unsere Offenbarung ihm gegenüber meistens nur aus dem einen Grund!

In Wahrheit wollen wir nämlich wissen, woran wir bei ihm sind.

Wo ist unser Stellenwert?

Ja, tatsächlich geschieht es aus Eigennutz heraus.

Unsere Befürchtungen, dass er sich nicht sicher sein könnte und dass wir uns möglicherweise täuschen könnten, lösen einen Druck nach Sicherheit in uns aus.

Abermals befinden wir uns im Mangel und rutschen erneut in die Rolle des Clochards.

Wir wollen den Mann damit jetzt mit Haut und Haar festnageln.

Sollten wir dann nicht die erwartete Reaktion darauf von ihm bekommen, wächst unsere Unsicherheitsenergie ins Unermessliche.

Natürlich bleiben dem Mann diese Energien nicht verborgen.

Er mag mit seiner Benennung der Gefühle zwar etwas langsamer sein, aber dennoch wird er unsere Verlustängste sofort fühlen können.

Sollten wir unserem inneren Drang weiterhin unterliegen und dann weiter versuchen, in ihn einzudringen, um endlich unsere gewünschte positive Antwort zu erhalten, wird er mit absoluter Sicherheit in den Abstand zu uns gehen.

Selbst in sehr langen und harmonischen Beziehungen kann das dann vorkommen.

Sobald wir mit Druck (aus unserer eigenen Angst heraus) versuchen werden, bestimmte Äußerungen über seine Gefühle zu uns aus ihm herauszupressen, wird auch ein langjähriger Partner auf Distanz gehen.

Das muss er sogar. Denn dieser Druck (=Angstenergien) rauben ihm die Luft zum Atmen.

Stelle dir bitte mal vor, dein potenzieller Partner ist ein riesiger Rennsportfan.

Du dagegen hast von irgendwelchen Rennsportarten nicht die geringste Ahnung.

Jetzt wird er aber ständig zudringlich und versucht, dich dafür zu begeistern. Nicht nur, dass er dich dafür begeistern möchte. Er versucht von dir auch noch ganz bestimmte Fachkenntnisse über diesen Sport herauszuquetschen. Dies macht er so penetrant, dass du zu 1000% irgendwann in den Rückzug gehen wirst.

Der Rennsport wird dir immer unsympathischer werden. Deine Angst vor immer neuen Fragen dazu, wird in die völlige Genervtheit deinerseits wechseln.

Hätte er dir den Rennsport auf ganz liebevolle und sanfte Art näher gebracht, hättest du dich vielleicht eines Tages selbst dafür begeistern können. Vielleicht hättest du dich dann auch mit ganz bestimmten Fachbegriffen angefreundet. Und eines Tages wärst du tatsächlich in der Lage gewesen, bei seinem Rennsport fachkundig mitsprechen zu können.

Doch sein Druck und seine stetige Fragerei haben dir diese Möglichkeit einfach genommen.

Ganz genau so ist es, wenn wir von einem Mann erwarten, über seine Gefühle zu uns zu sprechen. Wenn wir ihn bereits in den ersten Wochen oder Monaten immer wieder aufs Neue löchern.

Irgendwann wird er nur noch vollkommen genervt die Augen verdrehen und weglaufen.

Oder ganz zu Beginn des Kennenlernens sogar gleich wieder das Weite suchen.

Ich garantiere dir, dass du eines Tages die gewünschten Worte aus seinem Mund vernehmen darfst. Wenn es dir gelingen sollte, speziell in diesem Punkt etwas nachsichtig und verständnisvoll mit ihm zu sein. Wenn du ihn nicht mit deinen Gefühlen überrollst, nur um von ihm die ersehnte Bestätigung seiner Gefühle dir gegenüber zu erwarten.

Versuche es doch einfach mal anders herum und gib dich auch in puncto deiner Empfindungen ihm gegenüber etwas bedeckt. Sei die Geheimnisvolle, die Mysteriöse!

Lasse dich auch in diesem Punkt erobern und kitzle so seinen Jagdinstinkt aus ihm heraus.

Auf diese Weise garantiere ich dir bekommst du seine Liebesgeständnisse und Offenbarungen viel viel schneller zu hören, als du es dir vorstellen kannst.

Wichtig zu wissen ist es aber, dass Männer ihre ganz eigene Art der Liebesbezeugungen haben.

Wenn sie es auch nicht gleich in Worte fassen können, so wirst du an anderen Kleinigkeiten erkennen dürfen, wie sehr er dich liebt.

Ein Mann liebt es, wie bereits beschrieben, wenn er Aufgaben bekommt.

Er wird dir seine Gefühle ganz genau auf diese Art und Weise bekunden. Indem er dir Kleinigkeiten repariert oder dir bei alltäglichen Dingen unter die Arme greift.

Männer, die den Frauen Regale an die Wand anbringen, möchten so zum Ausdruck bringen, dass sie dich lieben.

Tragen sie deine Einkaufstasche, ist das ein ganz klares Liebesgeständnis.

Übernehmen sie kleine Erledigungen für dich, ist das ihre männliche Ausdrucksform der Liebe zu dir.

Vorausgesetzt wir können diese Hilfe auch in Freude und Dankbarkeit annehmen!

Und auch hier stoßen wir abermals auf die Problematik, dass sehr viele Frauen eben genau damit ein Thema haben.

Erneut stellt sich unser Widerstand der Unabhängigkeit bei uns ein.

Wir selbst möchten nicht nur unsere Unabhängigkeit schützen wie unseren Augapfel. Darüber hinaus tragen wir selbst ein riesengroßes Helfersyndrom in uns.

Dieses Helfersyndrom steht uns selbst öfter im Wege, als wir es überhaupt erahnen können.

Ständig werden wir von unserem Wiedergutmachungsbedürfnis eingeholt.

Wie widersprüchlich ist das denn?

Auf der einen Seite wünschen wir uns die starke Schulter zum Anlehnen an unserer Seite und auf der anderen Seite wollen wir dieser starken Schulter auf keinen Fall etwas schuldig bleiben.

Das muss man sich mal auf der Zunge zergehen lassen.

Der Mann, den wir lieben und den wir für alle Zukunft an unserer Seite wissen wollen, sagt uns auf seine Art, wie sehr er uns liebt und wir lehnen ihn einfach ab.

Stattdessen drängen wir ihn, uns bitte in unseren Worten seine Liebe zu gestehen.
Nur Worte scheinen für uns Frauen tatsächliche Liebesbeweise zu sein.
Mehr als verständlich eigentlich. Denn schließlich ist das unsere ureigene weibliche Eigenschaft.
Wir sind nun mal die Meisterinnen der Worte. So bestehen wir aus nachvollziehbaren Gesichtspunkten darauf, dass der Mann das bitte auch zu sein hat.

In Wahrheit entmannen wir den Mann erneut damit. Indem wir versuchen, ihn zur Frau zu machen.
Wir wollen keinen Softi oder Frauenversteher.
Eigentlich wünschen wir uns aus tiefstem Herzen einen männlichen Mann.
Frauenversteher sind männliche Freundinnen, aber niemals potenzielle Partner für uns.
Dennoch sind wir ununterbrochen bemüht, aus unserem männlichen Mann einen weiblichen Mann zu machen.
Wir fordern die weibliche Sprache des Mannes und sind auch noch enttäuscht, wenn wir sie nicht zu hören bekommen.

Der männliche Mann sagt uns aber schon längst auf seine Art des Helfens, wie sehr er uns schätzt und liebt. Doch diese Offenbarung erkennen wir nicht nur nicht an, wir fühlen uns auch noch in seiner Schuld und lehnen damit dieses Liebesgeständnis einfach ab.

Ein Beispiel:

Stell dir vor, du möchtest einem Menschen, welcher dir wirklich sehr viel bedeutet, eine Freude machen. Es soll nicht einfach irgendein x-beliebiges Geschenk sein.
Nein! Du möchtest diesem Menschen mit einem von Herzen kommenden Geschenk sagen, wieviel er dir bedeutet.
Lange überlegst du. Du beobachtest diesen Menschen. Sammelst Hinweise, womit du ihn glücklich machen möchtest.
Endlich bieten sich das passende Geschenk und die passende Gelegenheit für dich, ihm etwas Gutes zu tun und ihm eine Freude zu machen.

Du selbst bist ebenfalls in allergrößter Freude darüber, dass sich endlich das Passende für diesen Menschen eingefunden hat.

Mit großen, strahlenden Augen, voller Ungeduld, stehst du nun vor ihm und überreichst ihm dieses Geschenk der Liebe.

Doch was passiert?!

Statt sich darüber wie ein kleines Kind zu freuen, scheint es deinem Freund/in peinlich zu sein.

Er/Sie könne das auf keinen Fall annehmen. Das sei viel zu viel und außerdem viel zu teuer.

Jetzt müsse er/sie dir ebenfalls so ein Geschenk machen und das könne er/sie sich niemals leisten.

Mit deinen Worten versuchst du ihm/ihr verständlich zu machen, dass dieses Geschenk von Herzen komme und es dir eine große Freude sei, es ihm/ihr zu schenken.

Doch so sehr du dich auch bemühst, er/sie nimmt dein Geschenk einfach nicht an.

Oder er/sie nimmt es an und schenkt dir aber im gleichen Atemzug ein noch viel größeres und teureres Geschenk als deines.

Wie würdest du dich jetzt damit fühlen?

Hättest du überhaupt jemals nochmal die Lust und das Bedürfnis, diesen Menschen zu beschenken.

Wie wäre es dir gegangen damit, wenn dieser Mensch dir statt das Geschenk abzulehnen einfach um den Hals gefallen wäre...vielleicht sogar kleine Freudentränchen in den Augen sichtbar geworden wären?

Welche Variante fühlt sich jetzt für dich besser an?

Wen von beiden würdest du sehr gerne und immer wieder beschenken wollen?

Kannst du den Unterschied fühlen?

Tja, und kann es für den Mann ein größeres Geschenk geben, als das Geschenk, sich an deiner Seite gebraucht, nützlich und darüber hinaus auch noch ganz männlich fühlen zu können?

Immer und immer wieder wird er es einfach nur über alles lieben, dir auf seine männliche Art seine Liebe zu dir zeigen zu können.

Deine (weibliche) Freude über sein Tun und Handeln ist seine größte Freude und sein Geschenk für ihn.

Nicht nur, dass du ihm somit das Geschenk seiner Männlichkeit machst, wird ihn immer mehr anfeuern, damit weiterzumachen. Nein! Auch das Geschenk, dass er damit auch den Schlüssel, wie er dich glücklich machen kann, in seiner Hand hält, wird für den Mann der Wahnsinn schlechthin sein.

Er hat es geschafft dich (Frau) glücklich zu machen. Er scheint doch beziehungsfähig zu sein.

Glaubte er doch lange, dass er nicht Beziehungstauglich wäre, so weiß er jetzt, dass er ganz offensichtlich bisher nur die falsche Partnerin hatte.

Mit ihm ist alles in bester Ordnung.

Was für ein Glücksgefühl!

So einfach kann es sein, einen Mann glücklich zu machen, wenn wir endlich unseren (falschen) Stolz ablegen und uns einfach nur über seine Hilfe freuen und uns dankbar zeigen.

Ein Mann, der die Frau auf diese Art glücklich machen darf, wird sich niemals und zu keiner Sekunde seines Lebens nach einer anderen Partnerin umschauen.

Er kennt seinen Platz...denn er hat einen festen Platz im Leben dieser Frau bekommen. Und das auch noch mit dem Geschenk seiner Männlichkeit.

Wenn wir Prinzessinnen dies einmal zugelassen haben und einzig unsere Freude die Bezahlung für seine Hilfe war, werden auch wir uns damit urplötzlich einfach nur großartig fühlen.

Wir dürfen uns endlich als ganze Frau/Prinzessin fühlen. Ohne schlechtes Gewissen. Ohne die Schuldgefühle einer Wiedergutmachung.

Einfach nur glücklich darüber, endlich die starke Schulter an unserer Seite zu wissen und ihn ganz männlich genießen zu dürfen.

Sowohl die Männer, als auch die Frauen, welche diese Form der Partnerschaft leben, berichten allesamt, wie gut sich diese Rollenordnung für beide Seiten anfühlt.

Wobei sich der Kreis über die Prinzipien (Ordnung) ebenfalls
wieder schließt.☺

Männer lieben weibliche Frauen:

"Ein Weib ist stets wankend und unstet"

Vergil

Die Männer lieben nicht nur die ganz besonders weiblichen Frauen, sie suchen geradezu nach ihnen.

Zunächst einmal, was versteht man überhaupt unter weiblichen Frauen?
Schließlich ist das anhand der unterschiedlichen Geschlechter doch damit schon von alleine erklärt?!
Eben nicht!!!

Es gibt sehr weibliche Frauen, sehr männliche Frauen und es gibt sehr mütterliche Frauen.

Die Männer lieben aber (meistens jedenfalls) die weiblichen Frauen.

Woran erkennt man denn nun den Unterschied?

Eine männliche Frau ist eine Frau, die den Platz des Mannes in seiner Rolle besetzt.
Meistens sind das die Frauen, welche besonders beruflich gefordert und auch erfolgreich sind. Oder solche, die sehr stolz darauf sind, alles alleine schaffen zu können und darüber hinaus auch noch alles überhaupt zu können. Also auch solche Aufgaben, die dem Mann unter Umständen die Chance bieten, seine Männlichkeit unter Beweis stellen zu können.
Bis heute fragen sich gerade die erfolgreichen und sehr selbstbewussten Frauen immer wieder, ob ihre Dominanz und Stärke eine Bedrohung für den Mann sein könnte?
Immer wieder hörte ich den Ausspruch und die Annahme der Frau, dass die Männer möglicherweise denken könnten, sie wären zu stark für einen Mann.

Es sind wirklich ganz tolle Frauen. Ja, sie sind selbstbewusst. Ja, sie sind zum Teil sehr erfolgreich. Und ja, sie wirken in der Tat sehr stark auf andere Menschen.

So liegt die Vermutung doch tatsächlich sehr nahe, dass der Mann sich von gerade diesen Frauen sogar bedroht fühlen könnte.

Doch der wahre Grund ist, dass sie die Rolle des Mannes verkörpern und somit seinen Platz besetzen.

Denn bei dem ganzen Erfolg, ihrer Stärke und ihrem Selbstbewusstsein haben sie einfach vergessen, privat die Frau zu sein.

Ihren Erfolg, ihre Stärke und ihr Selbstbewusstsein leben sie auch außerhalb des Berufslebens uneingeschränkt weiter.

Vermutlich müssen sie das auch. Möglicherweise sind es Alleinerziehende, berufstätige Mütter, die eben dadurch einfach überall ihren Mann stehen müssen. Ob sie es wollen oder nicht.

Ihre Stärke und ihr Selbstbewusstsein hätte sie niemals den Kampf des Lebens so gut meistern lassen, wenn sie sich ganz typisch weiblich gegeben hätten.

Vielleicht wären sie auch niemals so erfolgreich geworden, wenn sie sich nicht auf der ganzen Linie immer wieder sehr hart durchgebissen hätten? Wenn sich nicht ständig durch ihre Selbstsicherheit und mit ihrem Selbstbewusstsein für sich, ihre Kinder und ihre Meinung eingestanden wären?

Bitte versteht mich an dieser Stelle nicht falsch!

Es ist überhaupt nichts dagegen einzuwenden, wenn Frauen erfolgreich, stark und selbstbewusst sind. Ganz im Gegenteil.

Ich spreche jeder Frau für ihren Erfolg, ihre Stärke und ihr Selbstbewusstsein meinen allergrößten Respekt aus.

Ohne anmaßend zu klingen würde ich das mittlerweile ein Stückweit auch von mir behaupten.

Auffällig ist eben nur, dass diese Frauen wirklich alles zu haben und zu sein scheinen was man zum glücklich sein braucht. Ja, alles...außer einem Partner.

Nicht, dass sie es sich nicht auch von ganzem Herzen ersehnen. Aber aus irgendeinem Grund scheint das einfach nicht so hinzuhauen, wie sie sich das wünschen.

Die schlichte und einfache Antwort darauf ist, dass diese Frauen ihre männliche Rolle so sehr verinnerlicht haben, dass sie z.T. die Rolle des Mannes ebenfalls vollkommen verkörpern.

Diese Frauen können im Außen noch so sexy, so hinreißend und bezaubernd sein, sie werden dennoch enorme Schwierigkeiten haben, einen passenden Partner zu finden.

Gerade bei den Internet-Singlebörsen geben sich diese Frauen schon gleich als sehr beschäftigt und gut aufgestellt preis.

So wollen sie dem Gefühl, sie könnten eine Bedrohung für den Mann sein, gleich Einhalt gebieten.

Doch ganz genau das ist wenig reizvoll für den Mann.

Natürlich wollen die Männer heutzutage nicht mehr nur das Heimchen am Herd haben. Es ist selbstverständlich auch gut zu wissen, dass es Frauen gibt, die auf ihren eigenen Beinen stehen. Trotzdem ist der tief verankerte Urinstinkt eines Mannes weiterhin auf der Suche nach der weiblichen Frau.

Mit der Kleidung alleine ist das leider noch nicht getan.

Die Verhaltenseigenschaften einer Frau sind maßgeblich dafür verantwortlich, wie attraktiv und begehrenswert eine Frau auf einen Mann wirkt.

Wie ich immer wieder beschrieben habe, ist der Mann mehr auf der Suche nach den Möglichkeiten, seine Männlichkeit zu zeigen. So erweitert sich seine Suche dementsprechend auf die Suche nach der weiblichen Frau.

Genau so verhält es sich bei den Frauen, denen man im Außen ihre Männlichkeit bereits aus der Ferne ansieht.

Sie kleiden sich männlich. Sie geben sich männlich. Solche Frauen sprechen sogar in der männlichen Sprache.

Es sind diese Frauen, welche überwiegend als Kumpel-Typ gesehen werden. Männer sehen hier keinerlei Bedrohung ihrer Männlichkeit. Aber als eine potentielle Partnerin sehen sie diese Frauen für sich leider auch nicht.

Männliche Frauen möchten in der Tiefe ihres Herzens aber genauso die Liebe und Beziehung erfahren und Leben, wie alle anderen auch.

Fälschlicherweise gehen solche Frauentypen davon aus, dass es dem Mann gefallen könnte, wenn sie sich männlich geben.

Die Herzen der Männer versuchen diese Frauen über die Freundschaft zum Mann zu gewinnen. Schließlich beweisen sie immer wieder aufs Neue, dass man mit ihnen "Pferde stehlen" kann, dass sie genau so weit spucken können, wie ein Mann, dass sie die Reifen noch besser und schneller wechseln können, als es ein Mann kann.
Ihre Versuche, die Liebe und Partnerschaft zu bekommen, unterliegen den Regeln einer Freundschaft zum Mann.

Doch auch hier ist wieder es das gleiche Thema. Männer lieben die Frauen. Sie wollen die Liebe und Beziehung mit einer Frau genau so sehr, wie es wir Frauen wollen.
Nur wollen sie halt eben auch eine weibliche Frau an ihrer Seite wissen.
Ihr Wunsch ist es, dass diese geschlechtsspezifischen Unterschiede eben auch sichtbar für andere Männer sind. Nicht nur alleine über die Kleidung und über die Äußerlichkeit.
In allererster Linie über das typisch weibliche Verhalten!!!

Und was ist aus männlicher Sicht denn ein typisch weibliches Verhalten?

Hier greife ich das Zitat ganz am Anfang dieses Kapitels einfach nochmal auf.

Frauen sind schwankend und unstet.
Aus männlicher Sicht sind Frauen in ihrem Verhalten launisch und unberechenbar.
So sehen uns die Männer und warum? Ganz einfach, weil sie uns so sehen sollen.
Mit diesen uns zugewiesenen Eigenschaften eignen sich die Männer in ihrem Verhalten eine Beständigkeit und Zuverlässigkeit an.
Abermals sind das ganz typische Unterschiede von Mann und Frau, für Männer.
Wieder unterliegt diese Erkenntnis dem Versuch, dass Männer sich damit einfach noch männlicher machen möchten.
So sagt man uns Frauen nach, dass wenn wir in unserer Zyklusphase sind, wir unerträglich und unberechenbar wären.
In dieser Zeit, da sind sich die Männer alle einig, ist höchst sensibler Umgang mit uns Frauen zu pflegen.

Auch wenn es nicht so nach unseren Wünschen abläuft, dichtet man uns sofort das typisch weibliche Trotzverhalten an.

Und wisst ihr was, meine lieben Mitprinzessinnen?
Das ist absolut gut so!
Fest steht, dass wir Frauen für die Männer geheimnisvoll sind.
Wir sind ein schwer einzuschätzendes Mysterium für sie.
Und ganz genau das macht uns ja so magisch für die Männer.
Immer wieder versuchen die Männer, uns Frauen zu verstehen. Immer wieder müssen sie aufs Neue erfahren und erleben, dass das ein Ding der Unmöglichkeit ist.
So geben die Männer uns mit unseren zugewiesenen Eigenschaften ganz unbewusst eine unglaubliche Macht in die Hand.
Die Macht unserer Weiblichkeit!!!

Auch Männer unterhalten sich mit anderen Männern über uns Frauen und auch über ihre Beziehung mit uns Frauen.
Ein Mann, der eine vollkommen ausgeglichene Partnerin zu Hause hat, eine Partnerin, welche ein grenzenloses Verständnis für alles und jeden besitzt, hat ganz offensichtlich keine richtige Frau abbekommen.
Aus männlicher Sicht ist eine Frau erst dann eine richtige Frau, wenn sie auch hin und wieder eine Zicke ist.
Das ganz genau ist unser Stichwort.

Ich fordere euch alle auf, auch hin und wieder eine Zicke zu sein!!!

Wie erhaben und einig sind sich die Männer dann, wenn sie in allen ihren männlichen Unterhaltungen ebenfalls bestätigen können, eine Zicke zu Hause zu haben.
Wie männlich fühlt es sich an, mit den anderen Männern in diesem Punkt gleichziehen zu können.
Wie erhaben fühlen sich die Männer den Frauen gegenüber, dass sie solche Eigenschaften nun eben einmal nicht haben.

Kannst du verstehen, was ich meine?
Ein Mann will hin und wieder die Zicke in dir besänftigen dürfen. Sonst bist du keine richtige Frau und er kann die Rolle seiner Männlichkeit nicht ausleben.

Wenn wir wütend auf Gott und die ganze Welt sind, dann sollten wir unsere Wut auch leben.

Schluss mit unserem ewigen Verständnis für alles.

Wir sind wütend und wir zeigen das auch!

Ob es dafür nun einen Grund gibt oder nicht. Wir sind eben einfach wütend oder auch mal schlecht gelaunt, weil wir es gerade so sein wollen.

Ganz genau so leben wir unsere Traurigkeit, unseren Sinn für die Romantik, unser Mitgefühl oder unseren Neid und unsere Eifersucht aus.

Wir sind das alles, weil wir einfach gerade so sein wollen...

Ein Beispiel:

Sicher kennst auch du Paare, welche evtl. von ihrer Attraktivität her etwas unterschiedlich sind. Oder du hast vielleicht so ein Paar schon mal irgendwo beobachten können.

Ein attraktiver Mann (aus deiner Sicht) mit einer weniger attraktiven Frau (aus deiner Sicht).

Deine Beobachtungen erlaubten dir, festzustellen, dass diese weniger attraktive Frau sich auch noch sehr zickig ihrem Partner gegenüber verhält.

Bestimmt hast du dich dann auch schon mal gefragt, was diesen attraktiven Mann ausgerechnet bei dieser Frau hält?

Oder wir bilden uns dann sogar ein, dass es diesem Mann unmöglich gut gehen kann bei dieser Zicke. Das wird ganz bestimmt nicht mehr lange gut gehen bei den beiden, so unsere Vermutung.

Doch das Gegenteil ist der Fall.

Dieser Mann liebt diese Frau für ihre Weiblichkeit. Er vergöttert sie geradezu für ihre zickige Art.

Ja, diese Frau macht ihrem Partner das allergrößte Geschenk auf Erden, das sie ihm überhaupt machen kann.

Sie lässt ihn ganz männlich sein. Sie lebt ihre Prinzipien ohne eine Angst davor, etwas zu verlieren oder gar dafür nicht geliebt zu werden. Sie liebt sich selbst für ihre Prinzipien und besteht darauf, dass der Mann sich gefälligst männlich verhält.

Der Mann hat die Bestellung im Restaurant aufzugeben!

Der Mann hat auf einem Fest für die Getränke und den Platz zu sorgen. Der Mann muss ihr den Bauch streicheln, wenn sie Bauchschmerzen hat. Der Mann muss ihr die Füße massieren, wenn ihr Tag lang und anstrengend war...usw. .

Diese Frau weiß ganz genau, was sie will. Davon rückt sie für keine Liebe der Welt davon ab.

Sie weiß ganz genau, dass sie die Prinzessin ist. Diese Frau weiß um ihren Wert und sie macht überhaupt keinen Hehl daraus, dass das so ist.

Ihre Belohnung für ihr typisch weibliches Verhalten ist, dass sie unendlich geliebt und verehrt wird dafür.

Wenn wir es in unserer Zukunft wirklich clever anstellen wollen, um ebenfalls bedingungslos geliebt zu werden, dann sollten wir das männliche Bedürfnis nach Männlichkeit in der Form ebenfalls für uns nutzen.

Hinzu könnten wir noch den männlichen Drang, eine Frau um jeden Preis glücklich machen zu wollen, heranziehen. Indem wir uns einfach nur ganz offensichtlich über jede Geste des Mannes freuen. Wir zeigen ihm unsere Freude darüber, dass er uns mit seinen Diensten auch tatsächlich glücklich macht.

So wird der Mann sich mehr als nur bemühen, uns immer wieder aufs Neue zu erfreuen. Uns zu überraschen mit allem, was uns glücklich macht.

Vorausgesetzt wir geben ihm gleich zu Beginn des Kennenlernens eine kleine Gebrauchsanweisung von uns mit an die Hand.

So könnten wir ihm z.B. doch gleich sagen, welches unsere Lieblingsblumen sind. Oder welches Eis uns am besten schmeckt.

D.h. wir lassen zu Beginn der ersten Treffen gleich mal unauffällig miteinfließen, was wir lieben.

Das machen wir natürlich auf eine sehr naive und unauffällig kindliche Art und Weise.

Z.B.: "Für ein Spaghettieis im Sommer könnten wir sterben!"

"Wenn wir dieses Lied hören, geht uns das Herz auf!" Usw...

Wir spielen mit unserer Weiblichkeit und gleichzeitig präsentieren wir ihm unsere Prinzipien.

Das ist die Macht unserer Weiblichkeit.

So weiß der Mann gleich zu Beginn, was wir wollen, was wir lieben und was aus unserer Sicht mal gar nicht geht für uns.

Dafür lieben die Männer uns abgöttisch.

Wir verkörpern so den perfekten Typ Frau.

Natürlich möchte ich auf keinen Fall, dass ihr euch jetzt voll-kommen verbiegen müsst. Denn alles, was wir spielen und nicht wirklich sind, kann ein Mann fühlen.
Ich bitte euch lediglich, mal in euch reinzufühlen.
Wie fühlt sich diese Vorstellung an, ganz Frau sein zu dürfen?
Alle romantischen Vorstellungen und Wünsche äußern zu dür-fen? Dennoch unnahbar und unberechenbar sein zu können?
Einfach ganz Frau sein ohne die Angst zu haben, den Mann wieder zu verlieren.
Angstfrei und selbstsicher zu sich selbst stehen dürfen. So wie du bist. Mit allen Facetten, die dich ausmachen.
Sich seines Wertes einfach mal richtig bewusst sein und es zeigen dürfen!

Es wird Zeit, dass wir uns und unsere Weiblichkeit wieder fin-den. Dass wir sie leben, so wie wir es in unseren Genen und Urinstinkten ganz tief in uns verankert haben.

Wankelmut, Zickigkeit, Unberechenbarkeit, Romantik, Sinn-lichkeit, Zärtlichkeit, geheimnisvoll sein und dennoch ganz ge-nau wissen, was wir wollen, das macht uns Frauen doch in der Tiefe unseres Herzens zu einer Frau.

Welcher Mann wäre da nicht glücklich, genau so eine Frau mit allen seinen Eroberungskünsten erobern und verführen zu dürfen?

Männer brauchen uns Frauen nicht zu verstehen. Sie brau-chen nur eine kleine Gebrauchsanweisung von uns, wie wir ticken. Das reicht völlig aus, um uns glücklich zu machen.
Statt also immer darauf zu pochen, dass der Mann euch und eure Bedürfnisse versteht, sagt ihm lieber, was ihr wollt und was ihr nicht wollt. In klaren und unumschriebenen Worten.
So werdet ihr geliebt und auf Händen getragen werden, bis dass der Tod euch scheidet.☺

Männer lieben empathische (mitfühlende) Frauen:

"Kinder sagen unzählige zarte Gefühle heraus, die die Erwachsenen auch haben, aber nicht sagen"

Jean Paul

Dieses Zitat kann man ebenso gut auf die Unterschiede zwischen dem Mann und der Frau anwenden.

Frauen sind aus männlicher Sicht nun eben einmal diejenigen, welche für die Gefühle und ihre Benennung zuständig sind.
In Männern schlummern diese vielen unzählig wunderbaren Gefühle ebenso. Nur tun sie sich leider etwas schwerer darin, ihre Gefühle zu äußern.

Ihre Liebe zu empathischen Frauen bezieht sich nicht auf das Mitgefühl einer Frau, wenn es um den Mann selbst geht.
Viel mehr ist damit gemeint, dass die Frau ein Mitgefühl für ihre Mitmenschen zeigt und auch äußert.
Da diese Art von Äußerung des Mitgefühls einem Mitmenschen gegenüber den Mann unmännlich machen würde, verbietet er sich diese öffentliche Empathie selbst.
Auch wenn er sie hat und fühlt wird sich ein Mann nur sehr selten erlauben, sie zu äußern.
Das überlässt er getrost den Frauen.

Achte doch mal bitte darauf, wie oft wir Frauen etwas süß, herzig, niedlich, traurig, wunderschön, hässlich, usw. finden.
Dann achte mal bitte darauf, wie oft du diese Worte aus dem Mund eines Mannes vernehmen wirst?

Ziemlich schnell wird dir bewusst werden, dass auch das wieder zu einer typischen Frau gehört.
Auch beim Schreiben von WhatsApp- und SMS-Nachrichten sind es meist die Frauen, die sich mit so viel Liebe und Gefühl ausdrücken.

Die Männer dagegen halten ihre Nachrichten meist kurz, knapp und auf den Punkt gebracht.

Was uns Frauen sehr häufig mehr als nur irritiert. Ganz oft nehmen wir das sogar persönlich. Wir analysieren! Wir spekulieren! Wir lesen zwischen den Zeilen! Wir machen uns tausend Gedanken und fragen uns und unsere Freundinnen, wie das wohl gemeint sein könnte von ihm.

Wir sind schon fast beleidigt, wenn er bei einer Nachricht das eine Mal ein Kuss-Smiley schickt und bei der nächsten Nachricht an uns einfach weglässt. So deuten wir das sofort als kein gutes Zeichen.

Sogleich werden wir alles daran setzen, so schnell als möglich wieder unser Kuss-Smiley bei der nächsten Nachricht von ihm zu bekommen.

Wir schreiben länger, gefühlvoller und häufiger und hoffen so, dass er jetzt dann irgendwann zu sich kommt und unsere liebevollen Nachrichten gleichermaßen erwidert.

Leider werden Männer durch dieses Verhalten eher in die Angst und damit in den Abstand zu uns getrieben.

So kann es sogar vorkommen, dass der Mann einige Zeit vergehen lässt, bis er unsere beispielsweise 5 Nachrichten liest. Immer wieder ist er online, doch uns scheint er nicht antworten zu wollen.

Ja, der Mann kann diesen Wunsch nach mehr Gefühl von seiner Seite sehr gut fühlen. Er fühlt den Druck, der von unserer Seite her aufgebaut wird. Nur kann er unser Verhalten überhaupt nicht nachvollziehen. Er ahnt nicht im Geringsten, dass es etwas mit seinem vergessenen Kuss-Smiley zu tun haben könnte.

Schließlich ist er beschäftigt und wiedermal dabei, die Welt zu retten. Er hat einfach keinen Sinn dafür und auch überhaupt keine Zeit, auf unsere Gefühlsnachrichten einzugehen.

Männer überlassen solche Dinge eben einfach uns Frauen.

Wir hingegen lieben uns für unsere Gefühle und das ist auch gut so. Schließlich lieben die Männer uns ebenfalls dafür. Solange es nicht um sie selbst geht und kein Druck dadurch entsteht.

Der Urinstinkt eines Mannes beobachtet die Frau in ihrem Sozialverhalten sehr genau.

Eine mitfühlende Frau gibt ihm die Bestätigung, dass die Frau auch mitfühlend mit ihren gemeinsamen Kindern umgehen wird.

Außerdem erlaubt sie sich in aller Öffentlichkeit, Gefühle zu zeigen und zu äußern. So übernimmt sie seine Gefühlsregungen gleich für ihn mit.

Er darf und kann männlich bleiben und sein Gesicht wahren.

Während die Frau die Gefühle für beide lebt.

Aus diesem Grund lieben die Männer uns nicht nur für unser empathisches Sozialverhalten. Nein, sie brauchen uns sogar für ihr soziales Leben.

Wir werden von ihnen bewundert, wenn wir ein kleines Kind süß finden. Wir werden von ihnen verehrt, wenn wir ein liebes und mitfühlendes Wort für seinen Freund, der gerade Liebeskummer hat, äußern.

Sie schauen regelrecht zu uns auf, wenn wir Dinge mit Worten der Gefühle benennen können, welche gerade so sehr einer Gefühlsregung bedürfen.

Ein Beispiel:

In der Anfangsphase meiner Beziehung hat mich mein Partner zum Essen eingeladen.

Es war ein gemütlich eingerichtetes, schnucklig kleines Restaurant.

Es waren fast alle Tische besetzt.

Die Bedienung hatte also alle Hände voll zu tun und sie wirkte ziemlich gestresst.

Außerdem war ihre Hand verbunden und während der Bedienvorgänge konnte man sehen, dass sie ziemliche Schmerzen haben musste.

Für mich war es das normalste der Welt, die Bedienung, welche trotz der erschwerten Umstände immer noch sehr zuvorkommend und freundlich gewesen ist, nach ihrer Hand zu fragen.

Ich schien aber die erste gewesen zu sein, die sich danach erkundigt hatte. Jedenfalls schien sie sehr glücklich darüber, dass ich es getan habe.

Eigentlich wäre sie mit ihrer verletzten Hand ja krankgeschrieben worden. Doch da sie die Besitzerin des Restaurants war und alle anderen Bedienungen zufällig ebenfalls ausgefallen sind, blieb ihr nichts weiter übrig, als selbst tätig zu sein.

Nach meiner Frage und ihrer Information hatte ich noch mehr Mitgefühl für sie. Diese Umstände taten mir einfach nur sehr leid für sie.

Danach war die Restaurantbesitzerin noch freundlicher und zuvorkommender, als sie ohnehin schon war.

Mein Partner, welcher zu dem Zeitpunkt noch nicht zu 100% mein Partner war, da wir uns in der Anfangsphase des Kennenlernens befanden, war ganz offensichtlich sehr angetan von meiner Empathie für diese Frau.

Erst sehr viel später hat er mir dann gestanden, wie schön und sogar berührend es für ihn gewesen war, dass ich mein Mitgefühl so mutig ausgelebt hatte. Dies sei mit einer der Gründe gewesen, warum er sich noch mehr in mich verliebt habe.

Es gibt zig Möglichkeiten, unsere Empathie auszuleben. Wenn wir mit offenem Herzen und offenem Blick durch die Welt gehen, werden wir immer wieder auf solche Situationen treffen, in denen wir ungeniert auch mal unser Mitgefühl zeigen und ausdrücken dürfen.

Wie gesagt, solange unser Mitgefühl nicht unserem Partner gilt. Denn aus einem natürlichen Mitgefühl kann nämlich auch ganz leicht ein Mitleid werden.

Mitleid und Mitgefühl sind zwei völlig unterschiedliche Gefühle.

Kein Mann kann Mitleid für ihn von einer Frau ertragen.

Mitleid bedeutet, bei etwas mitzuleiden. Das wiederum bedeutet, ein Leid auf sich zu nehmen, welches nicht das eigene ist.

Das Letzte, was ein Mann aber möchte, ist, dass die Frau leidet und schon gleich gar nicht wegen ihm.

Mitfühlend sein bedeutet, den anderen zu verstehen. Man kann selbst fühlen, wie es dem Gegenüber geht, ohne dabei selbst zu leiden.

Ein Mitleid für einen Mann (oder überhaupt für irgendeinen Menschen) ist eine sehr ungesunde Form der Anteilnahme.

Wohingegen das Mitgefühl uns die Tür zum Herz des anderen öffnen wird.

Natürlich wünschen sich alle Männer immer mal wieder, "betüddelt" zu werden. Selbstverständlich genießen alle Männer die uneingeschränkte Fürsorge und Aufmerksamkeit einer Frau/ ihrer Partnerin.
Doch leider neigen manche Frauen dazu, dies zu übertreiben (manchmal sogar maßlos).
Ja, wir Frauen haben nun eben einmal den Urinstinkt des Helfens in uns. Ja, wir verfügen über ein sehr ausgeprägtes Helfersyndrom. Und ja, damit können wir manchmal ganz schön anecken oder sogar nerven!

Deshalb sollten wir unsere Empathie wirklich mehr auf die äußeren Umstände richten.
Schließlich wünscht sich der Mann in jeder noch so ausweglosen Situation, selbst damit fertig zu werden. So kann er abermals seine Männlichkeit unter Beweis stellen und sich so einfach nur großartig fühlen, wenn er dann auch die Lösung gefunden hat.
Unser Mitleid würde sein Leid nicht nur verstärken. Er würde sich mit 100-prozentiger Sicherheit auch von uns distanzieren.
Schließlich geht es ihm ohnehin nicht gut und jetzt würden wir mit unserem Mitleid auch noch „einen draufsetzen". Wir leiden, er leidet und wir entmannen ihn darüber hinaus auch noch.

Emphatisch und mitfühlend im Außen zu sein beweist ihm dagegen, welch großes Herz wir haben.
Ein Herz, dessen Liebe und Fürsorge später evtl. mal seinen Nachkömmlingen zugutekommen wird.

Unsere Empathie und unser Mitgefühl zu zeigen und zu leben, schenkt uns Frauen auch noch zusätzlich eine ganz besondere Art der Kindlichkeit.
Völlig frei und unbedacht äußern wir Gefühle in der Öffentlichkeit.
Solche Dinge machen sonst nur Kinder.
Kinder gelten als schwach und hilfsbedürftig. Kinder müssen beschützt werden.

Wenn auch wir Frauen zu solch kindlichen Reaktionen neigen, bekommt der Mann so das Gefühl, uns auch beschützen zu müssen.

Da ein Mann es geradezu liebt, der Beschützer zu sein, wird er selbstverständlich auch uns lieben. Denn ein Mann liebt einfach alles, was er beschützen darf oder muss.

So kann er sich stark und männlich fühlen. Vielleicht sogar uns etwas überlegen (wobei wir Frauen ja ganz genau im tiefsten Inneren unseres Herzens wissen, wer hier das stärkere Geschlecht ist☺).

Doch wir haben es einfach nicht nötig, das immer wieder unter Beweis zu stellen. Wir besitzen so viel Diplomatie und Anstand, dass wir dem Mann sehr gerne das Geschenk seines Überlegenheitsgefühls machen können.

Hier dürfen wir also clever sein und unsere Weiblichkeit in die Macht der Kindlichkeit wandeln.

So gesehen sind wir doch tatsächlich einfach nur die zauberhaftesten Geschöpfe des ganzen Universums.

Wobei der Schwerpunkt dieser Aussage auf dem Wort "zauberhaft" liegt.

Wir verfügen über die Magie der Verzauberung. Weil wir so unendlich viele verschiedene Facetten an Eigenschaften besitzen. Und dafür dürfen wir uns von ganzem Herzen lieben.

Spürst du bereits, dass wir die wahren Magier in der Liebe sind?

Kannst du es fühlen wie besonders und einzigartig wir auf Männer wirken müssen?

Eine Frau sein zu dürfen und ihre Weiblichkeit ausleben zu können ist doch das wunderbarste, was es auf dieser Welt gibt.

Ooo ja, wir sind die wahren Göttinnen dieser Erde und gehören einfach nur angebetet in jeder Sekunde unseres Daseins!☺

Fazit:

Nach dieser sehr ausführlichen Beschreibung "wie ticken die Männer eigentlich?", haben wir, so hoffe ich, doch schon eine recht klare Vorstellung von den Eigenschaften eine Mannes. Aber auch von seinen für uns ab und an nicht nachvollziehbaren Verhaltensweisen.

Sicher ist dir das ein oder andere davon sehr bekannt vorgekommen. Möglicherweise kannst du dir die ein oder andere Frage zu dem Verhalten deines Partners bzw. Fast- Partners somit schon selbst beantworten?

Bei den nun folgenden 5 Fehlern, die vermutlich jeder Frau schon mal passiert sind, werde ich auch noch ein wenig darauf eingehen, was man tun kann, wenn uns so ein Schnitzer unterlaufen ist.
Mit anderen Worten: Was kann Frau tun, um die Aufmerksamkeit wieder zu sich zurückzuholen?
Insbesondere bei den Fällen, bei denen der Mann sich bereits auf dem Rückzug befindet.
Sich vielleicht schon seit längerer Zeit nicht mehr meldet?

Wie kann ich mir meinen Wert wieder zurückholen, ohne dabei noch mehr kaputt zu machen?

Wann ist es an der Zeit, aufzugeben und ihn loszulassen?

Wird er sich dennoch irgendwann für mich entscheiden?

Wie soll ich mich in Zukunft verhalten?

Dann lass uns sofort damit beginnen!☺

Die 5 gravierendsten Fehler beim Kennenlernen eines Partners/Seelenpartners:

1) Beim ersten Date sofort mit dem Mann schlafen (=Geschlechtsverkehr haben)!

2) Dem Mann mit Geld aushelfen bzw. ihn übertrieben beschenken!

3) Gefühle als erster aussprechen bzw. den Mann mit langen SMS/WhatsApps überfallen und ihn unter Druck setzen und ihn somit überholen!

4) Ausgeprägtes Helfersyndrom aufzeigen und den Mann gesund und glücklich machen wollen um jeden Preis!

5) Den Mann eifersüchtig machen wollen (Konkurrenzkampf)!

Beim ersten Date sofort mit dem Mann schlafen (Geschlechtsverkehr haben)!

"Immer neigen wir zu dem Verbotenen und begehren Versagtes"

OVID

Was möchte uns OVID mit seinem Zitat sagen?

Man könnte es auch anders sagen:

"Interessant wird etwas für den Menschen erst, wenn das Etwas verboten ist. Denn das Verbotene begehren wir am meisten".

Wie ich eingangs bereits erklärt habe, unterliegen sowohl die Männer als auch wir Frauen einer höheren Macht = unseren Urinstinkten.

So wissen wir mittlerweile, dass der Mann der Jäger ist und ein ausgeprägtes Bedürfnis nach der Jagd und der Eroberung hat.
Wir wissen ebenfalls, dass der Mann (genauso wie die Frau) seine zukünftige Partnerin auf Herz und Nieren testen wird/muss, um eine Entscheidung für eine Beziehung treffen zu können.

Deshalb ist beim ersten Date sogar die Wahl der Kleidung von ganz entscheidender Bedeutung für eine Fortsetzung.

Männer, welche bereits beim ersten Date/Kennenlernen nur leicht verhüllt alles zu sehen bekommen, werden davon eher abgeschreckt als angezogen sein.
Bedenke dabei Folgendes!
Was auch immer du trägst, ob etwas mehr oder etwas weniger, es werden ja auch alle anderen sehen können.

Immer wieder sind Frauen bei mir in der Praxis, wirklich sehr sehr attraktive Frauen, die sich wundern, dass der Mann, welcher ihnen gegenüber sitzt, anderen Frauen hinterher schaut. Teilweise sogar ganz offensichtlich und völlig ungeniert.

Frauen, die bei weitem (aus ihrer Sicht) nicht das äußere Potenzial besitzen, wie sie selbst es tun.

Sie beklagen sich darüber, dass der Mann Frauen, welche ungeschminkt, hässlich (ihre Worte, nicht meine!), dick und vollkommen unsexy gekleidet sind, nachschaut.

Aus ihrer Sicht vollkommen unverständlich, was ein Mann an so einer Frau toll finden kann.

Da sie selbst bis unter die Haarspitzen gestylt sind und aus ihrer Sicht einfach eine Schönheit und damit perfekt sind, können sie die Welt nicht mehr verstehen.

Dieser Mann muss doch ganz klar unter einer Geschmacksverirrung leiden.

Solch ein Verhalten beleidigt die Frauen, die sich stundenlang davor in Schale geschmissen haben, zutiefst.

Am liebsten würden sie es dem Mann mitten ins Gesicht schreien. Doch schließlich sind die beiden in den Anfängen des Kennenlernens, da zeigt man sich ja von seiner besten Seite.

Es ist ja nicht so, dass diese gestylten Frauen den Männern nicht gefallen. Aber ganz häufig entsprechen diese Frauen einer Kopie aus den Medien.

Frauen, und ganz besonders sehr junge Frauen, orientieren sich nur allzu gerne an den Medien.

Kaum eine Zeitschrift oder ein TV-Sender wird uns nicht dauernd eine absolut perfekte Frau widerspiegeln.

Da wir Frauen, was uns und unseren Selbstwert betrifft, häufig sehr orientierungslos sind, beginnen wir unbewusst, uns an den Models oder Schauspielerinnen zu messen. Unser Bemühen liegt darin (unbewusst), etwas verkörpern zu wollen, was dem Mann unsere Einmaligkeit aufzeigen soll.

Wir wollen die schönste, die verführerischste Frau auf diesem Planten sein.

Mit unseren kurzen Kleidern und tief ausgeschnittenen Oberteilen möchten wir den Mann in die verführerische Welt der (unrealistischen) Medien entführen. D.h. da wir uns selbst in dieser Traumwelt aufhalten und davon überzeugt sind, dass solche Frauen einfach mal alles haben und sein können, was sie sich wünschen, bilden auch wir uns ein, dass mit unserem aufgestylten Äußeren auch unsere Träume wahr werden. So unterliegen wir fälschlicherweise der Meinung, dass auch ein Mann so ticken würde.

Kurz: wir befinden uns in einer Traumwelt und gehen davon aus, dass auch ein Mann diese Traumwelt liebt und begehrt. Sonst würden die Männer sich doch nicht all die schönen Frauen im TV immer wieder mit weit aufgerissenen Augen anschauen.

Ja, das tun sie schon!

Aber nicht, weil sie mit diesen Frauen für immer zusammen sein wollen. Sie tun das, weil sie genau wissen, dass das unrealistisch ist. Auch sie wollen sich von den Strapazen des Alltags einfach mal erholen und in eine Art Traumwelt eintauchen. Diese Frauen sind unerreichbar für die Männer und genau so wollen das die Männer auch. Sie sollen unerreichbar für sie bleiben. Würde so eine Frau zu einer Realität für den Mann werden, so würden mit der enthüllten Realität des Lebens die Fantasien des Mannes für immer sterben müssen.

Ebenso verhält es sich mit den Pornos. Ja, Männer schauen das ab und an gerne an. Aber kein Mann will die Pornodarstellerin dann selbst im Bett haben. Was Fantasie ist, soll Fantasie bleiben. Nämlich dort, wo sie stattfindet. In der Unerreichbarkeit der Männerwelt.

Mal anders gefragt, wie viele Männer kennst du, die sich in einer festen Beziehung befinden und einen dementsprechenden Modeltypen an ihrer Seite haben?

Ich persönlich bilde mir ein, sehr viele Menschen zu kennen und darunter auch sehr viele Paare. Merkwürdigerweise finde ich darunter höchst selten Modeltypen.

Es sind alles sehr attraktive und ganz besonders schöne Frauen. Aber kaum eine entspricht dem Coverbild eines Modemagazins.

Die Frage, die sich mir auch stellt, ist: kann eine Frau, welche sich zu Beginn einer Beziehung/Kennenlernphase so kleidet, das für immer und ewig aufrechterhalten?

Ich denke nicht! Selbst Models können das nicht!

So bitte ich dich, deinen eigenen Style zu entwickeln. Fühle in dich hinein, was sich für dich gut und stimmig anfühlt. Was für ein Typ Frau bist du?

Der sportliche Typ? Der Kleider-Typ? Der hohe-Schuhe-Typ? Der Schmink-Typ? Usw.

Was auch immer für dich das Richtige ist, wird auch für den Mann das Richtige sein.

Nur bitte übertreibe es bei aller Liebe zum Detail niemals. Manchmal ist weniger mehr (bzw. meistens).

Wichtig ist nur, dass du dich wohl in deiner Haut fühlst und dass du du bist.

Sonst kann es dir tatsächlich so gehen, wie einigen Frauen in meiner Praxis.

Männer lieben nun mal die Natürlichkeit einer Frau. Da können sogar die ungeschminkten, molligen, ungestyleten und "hässlichen" Frauen einen Topmodeltyp ausstechen.

Ganz einfach, weil diese natürlichen Frauen zu sich und zu allem, was sie selbst ausmacht, stehen. Sie lieben sich so wie sie sind und deshalb strahlen sie die Magie der Liebe aus sich heraus.

Außerdem wollen Männer nicht ein Leben lang in Angst und Bange verbringen müssen, dass ihre Partnerinnen ständig von irgendwelchen anderen Männern angebaggert werden.

Eine Partnerschaft soll sich nach Zuhause, Geborgenheit und Sicherheit anfühlen und nicht nach ständiger Bedrohung und Angst um die eigene Frau!

Solange der Mann die Wahl seiner Zukünftigen noch haben wird, wird er sich immer nach einer natürlichen Frau umschauen und sich schlussendlich auch für so eine entscheiden.

Kommen wir jetzt zum eigentlichen Date/Abend.

Ihr sitzt euch gegenüber und du nutzt selbstverständlich alle bereits beschriebenen Hinweise aus diesem Buch.

Du schenkst dem Mann eine kleine, unauffällig verpackte Gebrauchsanweisung von dir. Du lässt ihn wissen, was du liebst und welches deine Prinzipien sind. Ungezwungen und spielerisch lebst du deine weibliche Macht aus. Du bist fröhlich und zeigst ihm damit, wie glücklich er dich macht und wie wohl du dich in seiner Nähe fühlst.

Mittlerweile hat der Mann längst Feuer gefangen und beginnt damit, dich mit schmeichelhaften Worten zu umgarnen.

Diese Worte tun dir so gut und langsam aber sicher beginnt er damit, dein Herz zu berühren und auch zu erobern.

Alles könnte schöner nicht mehr sein und natürlich regt sich auch in dir das Verlangen danach, diesem Mann einfach nur noch nahe sein zu wollen.

Vielleicht ist auch dein letzter Sex schon eine ganze Weile her und es überkommt dich das Bedürfnis, es mit diesem einen ganz besonderen Mann auch einfach jetzt tun zu wollen.

Vielleicht verkauft er es dir auch als das Normalste der Welt, dass man heutzutage beim ersten Date auch gleich Sex haben darf oder sogar sollte?

Wie auch immer! Der Mann befindet sich längst in seiner Testphase, gesteuert aus seinem Urinstinkt heraus.

Wird es ihm gelingen, dich so weichzusprechen und dich dann auch zu bekommen? Oder gehörst du zu den Frauen, die evtl. etwas für seine Zukunft sein könnten.

Er wird all seine Register ziehen, da sei dir absolut im Klaren darüber. Er ist ein Jäger auf der Jagd. Nur dass seine Waffen seine schmeichelnden Worte sind.

Du bist seine Beute und die einzige Frage, die ihn jetzt noch beschäftigen wird, ist die, wie schnell wird es mir gelingen, diese Beute zu erlegen?

Bitte werde dir vollkommen bewusst darüber, dass er das jetzt nicht tut, um dir wehzutun und dich danach einfach abzuschreiben, wie einen alten Handschuh. Nein, er ist in seinem Jagdfieber und kann das jetzt nicht mehr kontrollieren.

Erwarte von einem Mann niemals, dass er sich seiner Handlungen in diesem Stadium der Jagd auch nur im Geringsten bewusst sein wird. Er tut, was er tun muss...was ein Mann tun muss.

Die große Frage ist, was tust du?

Wenn du diesen Mann für einen potenziellen Partner an deiner Seite sehen kannst und dir eine gemeinsame Zukunft mit ihm vorstellen kannst, dann solltest du hier auf gar keinen Fall und unter gar keinen Umständen den Verstand verlieren und darauf eingehen.

Hier gibt es nur eines...man sollte den Abend enden lassen, immer dann, wenn es am schönsten ist!

Nehmen wir aber an, dass dieses Buch und dieses Wissen dich zu spät erreicht haben. Nehmen wir weiter an, dass das Kind bereits in den Brunnen gefallen ist und es ist bei eurer ersten Verabredung auch gleich zu eurer ersten Vereinigung gekommen.

Jetzt kann es natürlich dennoch sein, dass es auch für ihn ein unvergesslich schönes Erlebnis war, welches er sehr gerne mit dir immer wieder wiederholen möchte.

Auch bei ihm ist der Groschen gefallen und er sieht in dir ab jetzt seine potenzielle und zukünftige Partnerin fürs Leben.

Doch leider sind das nur sehr seltene Ausnahmen. Die Wahrscheinlichkeit, dass er sich nach eurer wunderschönen gemeinsamen Nacht bei dir nicht mehr meldet, ist leider höher, als es uns Frauen lieb ist.

Natürlich wird er dir versprochen haben, sich bei dir zu melden. Natürlich wird auch er dir den Eindruck vermitteln, dass diese Nacht mit dir etwas ganz Besonderes war für ihn.

Leider kann der Mann auf Grund seiner anderen Genprogrammierungen aber auch sofort ganz gut zu seinem alltäglichen Geschäft (Wahnsinn) übergehen, ohne für den Moment auch nur einen einzigen Gedanken an dich zu verschwenden.

Ja, urplötzlich beginnt er wieder damit, die Welt zu retten (so wichtig sehen sich die Männer in dem, was sie tun, nun mal).

Einzig dein Herz und deine Gedanken finden ständig die Zeit an ihn und diese besondere Nacht zu denken. Je länger er sich nicht meldet und nichts von sich hören lässt, desto schlimmer werden deine Ängste und Befürchtungen, dass er vielleicht nicht genau so fühlen könnte, wie du.

Doch du willst dich nicht getäuscht haben. Das kann einfach nicht sein. Schließlich bestätigte er dir ebenfalls die Einmaligkeit dieses Abends.

Ok, bei dir hat sich während der Vereinigung dein ganzes Oxytocin auf einmal ausgeschüttet.

Bei ihm hat das Oxytocin gerade erst angefangen, sich anzureichern, als er mitten in seinem Jagdfieber nach dir war.

Je länger du nichts von ihm hörst, desto wilder wird die Ausschüttung deines Oxytocins (Verliebtheitshormon) bei dir. Längst ist dein weibliches Jagdfieber in dir aktiv geworden.

Während er seine Befriedigung und damit den Abfall seines Oxytocinspiegels genießt.

Irgendwann wird dich dein jetziger Zustand so sehr beherrschen, dass du das Telefon in die Hand nimmst und dich bei ihm meldest. Es beginnt die Zeit der Verwandlung in einen Clochard (Bedürftigen).

Machtlos, hilflos und mit völligem Unverständnis für das alles, was jetzt abläuft, bewegst du dich in deiner Gefühlsspirale steil abwärts.

Es sei denn, du bist bereit, einen kleinen Schmerz (unbestimmte Dauer) jetzt auf dich zu nehmen und damit die Umkehr dieser unbefriedigenden Situation einzuleiten.

An dieser Stelle sei dir erklärt, dass du ohnehin schon im Schmerz/Liebeskummer bist.

Du kannst dich aber immer wieder für zweierlei Schmerz entscheiden. Wobei eine Art von Schmerz dir niemals wirklich erspart bleiben wird.

Du kannst den Schmerz des vollkommenen Rückzugs wählen und so auf sein verschobenes Zeit-Gen setzen. Mit der Gewissheit, dass er ganz sicher wie der Phönix aus der Asche wieder zu dir zurückkommen wird!

Oder du gibst deinem jetzigen Schmerz nach und fängst an, ihn mit Nachrichten zu bombadieren mit dem Resultat, ihn damit für immer (zumindest für sehr lange Zeit) zu verlieren!

Für welchen Schmerz möchtest du dich entscheiden?

Jetzt kommt es wirklich nur auf dich an. Wie viel bedeutet dir dieser Mann wirklich?

Wenn du für dich entschieden hast, dass das der Mann für dein Leben sein könnte, dann empfehle ich dir dringend, dich für den ersten Schmerz des Rückzugs zu entscheiden.

In beiden Fällen darfst du dir ganz sicher sein, dass diese eure Nacht auch für ihn etwas ganz Besonderes war.

Er hat dir nichts vorgespielt oder dich belogen. Er folgt einzig und alleine seinem Urtrieb.

Nachdem der erste Test, ob er dich gleich bekommen wird oder nicht, ihn erstmal in dieser Form befriedigt hat, dass er bekommen hat, was er wollte und er damit sehr zufrieden mit sich selbst ist, folgt nun der nächste männliche (unbewusste) Test.

Zunächst setzt er darauf, dass er gut war und dass du ihn jetzt unter allen Umständen haben willst.

So gesehen würden deine Nachrichten ihn darin tatsächlich bestätigen. Er kann sich entspannen, denn er hat nun die Bestätigung, dass er einfach ein großartiger Mann und Liebhaber ist. Da aber sein Oxytocinspiegel bereits am Absinken ist, verhindern deine vielen Nachrichten an ihn einen erneuten Anstieg seines Jagdhormons. Die ständige Erinnerung an dich erlaubt ihm keinen erneuten Aufbau/Anstieg seines Bindehormons mehr.

Sein Interesse an dir sinkt von Nachricht zu Nachricht mehr und mehr ab. Zum Schluss wird er deine Nachrichten vielleicht nicht einmal mehr lesen oder beantworten.

Bei der Umkehr und deiner Entscheidung für den Schmerz deines Rückzugs sieht das ganz anders aus.

Von dir bleibt seine erhoffte Bestätigung, dass er der Tollste ist, aus. Am Anfang wird ihn das noch nicht so sehr beschäftigen, da er ja wieder alle Hände voll zu tun hat.

Doch ganz plötzlich meldet sich sein Zeit-/Erinnerungsgen bei ihm. Aus irgendeinem für ihn nicht nachvollziehbaren Grund wird er sich gezwungen fühlen, sich bei dir wieder zu melden.

Hast du also diesen Schmerz ausgehalten und ihn mit völligem Desinteresse deinerseits gestraft, ist das jetzt deine Chance, ihn für immer an Land zu ziehen.

Sein Oxytocin beginnt nämlich jetzt, sich bei ihm zu melden und durch deinen Rückzug sorgt es bei ihm für einen Anstieg. Ich verspreche dir zu 100%, dass das so laufen wird.

Halte es aus, dich nicht zu melden. Nutze die neue Gelegenheit, welche daraus entsteht, jetzt dafür, ganz zur Prinzessin zu mutieren.

Wenn er sich meldet, bist du so gut gelaunt und absolut überrascht darüber, von ihm zu hören.

Leider wird dir deine Zeit gerade nicht erlauben, länger mit ihm zu plaudern, da auch du zeitlich sehr ausgelastet bist und sehr viel unternimmst.

Deine fröhliche und überraschte Art wird ihn nun dazu auffordern, über seine männlichen Künste nachzudenken.

Kann das sein, dass er nicht so gut war, wie er es von sich gedacht hatte? Ist es möglich, dass du ihn einfach so vergessen konntest?

Schwubs beginnt sein Jagdfieber, dich erobern zu wollen, von Neuem anzusteigen.

Bedenke aber, dass er bei seiner Rückkehr (leider) zunächst nur Sex möchte. Er hat dich nämlich fälschlicherweise in die Schublade der tollen Sex-Partnerin eingeordnet.

Doch da du das auf keinen Fall sein möchtest, wird er sich hier an dir jetzt seine Zähne ausbeißen dürfen.

Du bist schließlich die Prinzessin und du weißt, dass du wertvoll bist. Du weißt, was du willst und was du nicht willst.

Und ganz sicher willst du nicht in diese komische Schublade eingeordnet werden.

Solche wie ihn könntest du 10 an jedem Finger haben. D.h. jetzt ist er am Zug, dir zu beweisen, dass er deiner würdig ist.

Dafür muss er sich schon richtig ins Zeug legen.

Jetzt beginnt das Eroberungsspiel mit deinen Regeln.

Hier gibt es eine feste Regel:

Bei drei Treffen wirst du eines davon absagen.

D.h. auf drei kommt immer eine Absage von dir.

Dann wirst du auch mal wenig Zeit haben...oder dich verspäten...usw.

Sein Oxytocin steigt stetig an. Ganz plötzlich kommt der Zeitpunkt, an dem er nur noch eines möchte, nämlich dich!!!

Selbst die Freunde und seine überaus wichtige Arbeit werden in den Hintergrund treten.

Du bist bei seiner Verwandlung in die wahre Liebe, in seine Gefühle und in sein Verlangen nach einer Beziehung mit dir live dabei.

Jetzt folgt alles wieder der Ordnung der Mann/Frau-Rolle.

Ihr beide werdet euch nur noch großartig und wundervoll fühlen. Denn er ist endlich ganz in seiner Männlichkeit angekommen und somit endlich zuhause.

Du bist endlich ganz in deiner Weiblichkeit zuhause und kannst seine Aufmerksamkeit und Liebe zu dir in vollen Zügen genießen.

Herzlichen Glückwunsch und willkommen in deiner glücklichen Beziehung mit deinem Traumpartner!☺

Dem Mann mit Geld aushelfen bzw. ihn übertrieben beschenken!

"Wo Liebe rechnet, ist sie bettelarm"

William Shakspeare

Dieses Kapitel ist ein Punkt, der mir ganz besonders am Herzen liegt.
Ihr könnt euch vielleicht gar nicht vorstellen wie häufig es vorkommt, dass die Frau den Mann ihres Herzens völlig übertrieben beschenkt oder ihm sogar mir Geld zur Seite steht.

Dieses gehört sich aber genauso wenig, wie dass die Frau die Rechnung beim ersten Date übernimmt. Oder dass eine Frau den Mann anspricht und erobert.
All das entmannt den Mann und macht ihn nicht nur unmännlich, sondern langfristig auch unattraktiv für uns Frauen.

Mit Geld kann man jede noch so kleine Pflanze der Liebe direkt und in einer sensationellen Geschwindigkeit im Keim ersticken.

Leider verspüren sehr viele Frauen auf Grund ihres (übertriebenen) Helfersyndroms immer wieder den Drang, den Mann aus einer (augenscheinlich) ausweglosen Situation erretten zu müssen.
Oder sie wollen ihn unter allen Umständen beglücken und glücklich machen.
Ein wahrer Fehler (obwohl es eigentlich keine Fehler gibt, denn alles sind nur ganz wertvolle Lernaufgaben und Erfahrungen) mit fatalen Folgen.

Mit diesem Verhalten entsteht eine Rollenverschiebung von Mann und Frau in gravierendem Ausmaß.

Natürlich macht das keine Frau absichtlich und bewusst.

Auch die Frau möchte ihren Partner um jeden Preis glücklich und zufrieden machen.

Auch für sie gibt es kein größeres Geschenk, als den Partner dann in seiner Freude darüber beobachten zu können.

Selbstverständlich kann die Frau dem Mann mit Rat und Tat zur Seite stehen. Man kann nach gemeinsamen Lösungen suchen. Ihm zuhören, für ihn und seine Situation Verständnis zeigen. Nur sollte man ihn nicht mit großen Summen oder diversen übergroßen Geschenken beglücken wollen.

Denn die Realität sieht danach meist ganz anders aus.

Aus einem für die Frau nicht nachvollziehbaren Grund zieht sich der Mann dann urplötzlich von der Frau zurück.

Was genau passiert da eigentlich, wenn die Frau dem Mann übertrieben viel gibt und ihn reich beschenkt oder er von ihr Geld nimmt?

Beginnen wir zuerst einmal bei der Frau!

Warum neigen wir Frauen zu so einem derart unweiblichen Verhalten?

Dieses lässt sich nur so erklären, dass sich die Frau über ihren eigenen Wert nicht im Geringsten bewusst ist.

Um ihren Wert auszudrücken, unterliegt sie versehentlich dem Vergleich des Geldwertes.

Ihre Glaubenssätze und Verhaltensmuster halten sie in dem Glauben gefangen, dass man alles kaufen kann.

Was man bezahlt hat, bleibt in ewiger Dankbarkeit so auch in unserem Besitz.

Möglicherweise ist das ein Teil ihres Erziehungsmusters, welches sie in diese Prägung gebracht hat? Vielleicht haben die Freunde oder die Eltern schon das Geld als den Ersatz für Liebe eingesetzt?

So handeln diese Menschen ganz unbewusst entsprechend ihres Glaubens, dass die Liebe mit Geld oder Geschenken käuflich wäre.

Das dumme daran ist nur, dass sie mit ihrem Verhalten nichts weiter als Enttäuschungen erleben.

Merkwürdigerweise zeigen die Menschen/ Männer, welche sie beschenkt, alles andere als Dankbarkeit. Meistens ist es sogar noch der pure Undank, den sie erntet.

Immer wieder höre ich dann die Sätze von Frauen während der Sitzung, dass sie so viel für ihn getan haben und er sich jetzt nur noch schrecklich verhält.

Abweisend, undankbar und zurückweisend, ja schon fast gemein ihnen gegenüber mutieren sie zu einem riesen A-loch.

Statt ihr Verhalten jetzt zu ändern und dem Mann ebenfalls eine Zurückweisung ihrerseits entgegenzubringen, geraten sie immer tiefer in den Strudel der falschen Überzeugung hinein.

Was geschieht bei dem Mann, der beschenkt wird oder Geld von einer Frau annimmt?

Natürlich ist der Mann zunächst einmal sehr erleichtert und froh darüber, dass die Frau ihm aushilft.

Selbstverständlich freut er sich über all die teuren Geschenke, die ihm die Frau macht.

Urplötzlich wird sich diese Freude oder Erleichterung aber in ein sehr ungutes Gefühl in ihm wandeln.

Je mehr er bekommt, desto unmännlicher wird er sich fühlen.

Irgendwann wird ihm sehr bewusst sein, dass die Frau seine männliche Rolle übernommen hat. Übersetzt könnte man das sehr plakativ ausdrücken: "Die Frau hat seine Eier in ihrer Handtasche und trägt diese mit sich spazieren!"

Jetzt gibt es zweierlei Arten von Männern.

Es gibt die Art von Männern, welche sich ganz langsam aber sicher daran gewöhnen und sogar anfreunden werden mit diesem Zustand ihrer Entmanntheit.

Dann gibt es die, die damit überhaupt nicht mehr klar kommen werden und dem Ganzen ein Ende setzen werden/ein Ende setzen müssen!!!

Die erste Art von Männern wird damit beginnen, das Geber-Verhalten der Frau für sich zu nutzen.

Langsam aber sicher tasten sie sich an immer größere Summen und Geschenke heran.

Sie haben verstanden, wie das Spiel hier funktioniert und nutzen es jetzt gnadenlos zu ihrem Vorteil aus.

Die Frau, welche immer noch in ihrem Glauben an die große Liebe mit diesem Mann festhält, wird das Spiel von ihrer Seite ebenfalls gleichermaßen mitspielen. Nicht wissend, dass ihre

Chancen für eine gemeinsame Zukunft mit diesem Mann mittlerweile auf fast 0 abgesunken sind.

Längst wird er sich auf die Suche nach seiner großen Lieben machen. Natürlich ohne sich dabei etwas anmerken zu lassen. Schließlich wird er sehr bemüht sein, sie in ihrem Glauben an eine gemeinsame Zukunft weiterhin anzufeuern.

Wie dumm wäre er auch, diese wunderbare "Melkkuh" für immer aufzugeben.

Solange sich ihm nichts Besseres bietet und er sich nicht richtig verliebt hat, ist das doch ein Spitzenleben so.

Er muss nur ein wenig jammern und Traurigkeit vortäuschen und schon hat er ihr Helfersyndrom wieder ganz auf seiner Seite.

Vielleicht ist dieser Mann sogar noch verheiratet und es fehlt ihm das Geld für die Scheidung. So verspricht er ihr, sich sofort scheiden zu lassen, sobald er genügend Geld für die Scheidung hat. Oder er muss eben nur noch seine Ex-Frau ausbezahlen und schon steht einer gemeinsamen Zukunft nichts mehr im Wege.

Komisch ist nur, dass dieser Mann sich trotzdem niemals wirklich trennt. Merkwürdig ist, dass er, nachdem er das Geld von der Frau bekommen hat, schon wieder die nächste ausweglose Situation hat, welche nur mit einer ganz bestimmten Geldsumme gelöst werden kann. Natürlich steht dann aber wirklich nichts mehr einer gemeinsamen Zukunft im Wege.

Ok, jetzt fordert der Anwalt noch Geld, aber dann werden wir endlich für immer zusammen sein können!

Ok, dem Kind muss er noch was auszahlen, aber dann steht einer gemeinsamen Zukunft wirklich nichts mehr im Wege. Usw...

Die Wahrheit wird sein, dass er sich schon längst neu orientiert.

Das Unheil nimmt nun seinen Lauf. Irgendwann kann er sich überhaupt nicht erklären, wie das jetzt kommen konnte, aber er hat sich doch tatsächlich wieder in seine Frau verliebt. Da alles eine zweite Chance verdient hat und man ja schließlich gemeinsame Kinder hat, muss er leider für sich beschließen, wieder zu seiner Frau zurückzugehen.

Oder er hat sich gegen seinen Willen in eine vollkommen andere Frau verliebt und so leid es ihm jetzt auch tut, die ganze Sache hat einfach keinen Sinn mehr zwischen euch.

Davor wirst du zunehmend mehr erleben müssen, dass er immer mehr auf Abstand zu dir geht. Dass er sich immer nur noch dann meldet, wenn er etwas braucht.

Vielleicht wird er sogar gemein und ausfallend zu dir. Immer häufiger behandelt er dich wie den letzten Dreck. Das Gefühl seiner Gleichgültigkeit dir gegenüber beschleicht dich zunehmend mehr und mehr. Aus unerfindlichem Grund scheinst du ihm immer unwichtiger zu werden. Das Bedürfnis, Zeit mit dir verbringen zu wollen, sinkt rapide ab. Wenn er dann mal da ist, ist er müde, erschöpft und schweigsam. Er will nur noch seine Ruhe haben. So wird der Zustand immer härter und unerträglicher für dich.

Doch nur mit diesem Verhalten kann er sich noch ein wenig seine männliche Ehre bewahren. Indem er dir immer wieder klare (vielleicht sehr lieblose) Ansagen macht.

Du hingegen wirst ihm immer größere Zugeständnisse machen wollen. Deine Angst, ihn zu verlieren, frisst dich fast auf.

Deine Bedürftigkeit kann er fühlen und so wird er immer mehr fordern, brauchen und wollen.

Solange, bis euer perfektes Psychospiel ein dramatisches Ende nimmt.

Die Frau, nämlich du, die alles für diesen Mann getan und gegeben hat, kann die Welt nicht mehr verstehen. So folgt ein ganz berühmter und berüchtigter Aufruf: „Ich habe doch alles für ihn getan und jetzt verlässt er mich für eine Frau, die mir in keiner Weise das Wasser reichen kann. Er wird sich schon noch umschauen. Denn diese Frau, für die er sich entschieden hat, kann ihm lange nicht das geben und bieten, was ich ihm gegeben und geboten habe!"

Zerstört, enttäuscht und in dem absoluten Unverständnis für sein Verhalten, bleibt die Frau einsam und verlassen zurück. Mit dem Gefühl der Schmach und ausgenutzt worden zu sein.

Ja, und das ist sie tatsächlich auch. Sie wurde gnadenlos ausgenutzt. Nur gibt es leider keinen, dem sie jetzt ein schlechtes Gewissen machen kann. Der Mann ihrer Träume ist weg. Bei wem will sie sich jetzt beschweren?

Einzig sie ist es, die dieses Spiel des Gebens begonnen hatte. Er hat sich lediglich auf ihr Spiel eingelassen.

Wenngleich er schon zu Beginn des Spiels ganz klar wusste, dass er mit dieser Frau niemals eine gemeinsame Zukunft haben wird.

Ein Mann kann sich niemals für eine Frau, welche ihn irgendwann einmal entmannt hat, entscheiden.
Die Scham und Schmach um das Wissen seiner Entmannung lasten viel zu schwer auf ihm. Selbst wenn sie ihm das niemals wirklich vorhalten würde, was sie ihm alles gegeben und geschenkt hat, so wüsste **er** es einfach. Sein Wissen darum wird es ihm unmöglich machen, sich für diese Frau jemals irgendwann entscheiden zu können.
"Der Krug geht solange zum Brunnen, bis er bricht" (unbekannt).
Liebe ist nun eben einmal nicht käuflich.
Kein Mensch kann und wird sich seine Liebe jemals bezahlen lassen können und sich dabei auch noch gut fühlen können.

Welche Möglichkeiten gibt es hier, die Umkehr und damit doch noch ein "Happy End" einzuleiten?

Ich will ehrlich mit dir sein. Die Chance für ein "Happy End" ist hier sehr gering. Besonders dann, wenn das Spiel schon sehr lange läuft.
Da ich die Rolle der Frau und die Rolle des Mannes im oberen Teil bereits sehr ausführlich beschrieben habe, haben wir hier nur die eine Möglichkeit, dass die Frau wieder in ihre weibliche Rolle eintaucht. Nur so kann er den Platz des Mannes wieder an deiner Seite einnehmen. Es ist sehr wichtig, dass er sich so schnell als möglich wieder als Mann bei dir fühlen und sehen kann.

Wie gelingt es mir, dass er sich wieder männlich fühlt?
Ganz einfach! Da ja auch der Mann einen inneren Drang verspürt, der Frau zu helfen und die Frau glücklich zu machen, müssen jetzt (so schnell als möglich) dafür Gelegenheiten geschaffen werden.
Beginnen müssen wir damit, dass auch du lernst, zu nehmen.

Eine Frau, welche die Hilfe eines Mannes wegen seiner Männlichkeit benötigt, triggert immer seinen Urinstinkt des Helfens an.

Natürlich stellst du gleichzeitig das Geben und Beschenken sofort ein. Ganz egal, was du verdienst, auch wenn du diejenige mit dem besseren Einkommen bist, wirst du ab jetzt ebenfalls keine finanzielle Freiheit mehr haben. Lasse dir hier einfach etwas einfallen, warum du ihm nichts mehr geben kannst. Am besten wäre es, dass auch du über deine plötzliche Not klagst. Frage ihn nach Lösungen. Bitte ihn generell um seine Hilfe in allen Belangen. Zeige dich glücklich und dankbar darüber, dass er dir hilft. Schenke ihm das Gefühl, von dir gebraucht zu werden. Lasse ihn fühlen, wie einzigartig und wundervoll er in seiner Männlichkeit ist.

Nur so kannst du dich mit ihm wieder auf eine Stufe stellen und befindest dich wieder auf Augenhöhe mit ihm.

Ab jetzt hast du nicht mehr auf alles eine Antwort oder eine Lösung parat.

Schenke ihm statt des Geldes oder vieler teurer Geschenke das Gefühl, dass er bei dir ein ganzer Mann sein darf und dass er alles, was er tut, einfach nur ganz wunderbar macht.

Keiner ist handwerklich so geschickt wie er!

Niemand kann das besser ausdrücken als er!

Seine Sicht auf die Situationen und Dinge ist einfach sehr klärend und hilfreich für dich.

Usw…und so fort…

Nur so kannst du ihm seine Männlichkeit wieder zurückgeben, ohne ihn ständig dabei unter Druck setzen zu müssen.

Komplimente, die nichts kosten, aber von Herzen kommen, sind die wahren Geschenke des Lebens. Ebenso die Dankbarkeit. So kann sich die entmannte Energie wieder in die Männlichkeit wandeln. Und dafür wird er dich lieben.

Männer lieben es nun mal, wenn sie in ihrer Männerrolle sein dürfen und dafür auch noch gewürdigt und anerkannt werden.

Fühle doch auch du mal ganz tief in dich hinein!

Sicher wirst du erfühlen können, dass auch du dich in deiner weiblichen Rolle viel mehr zu Hause fühlen wirst, als der ständige Geber in der Beziehung sein zu müssen.

Geld oder teure Geschenke kommen eher einem Arbeitgeber- und Arbeitnehmerverhältnis gleich. Mit der wahren Liebe und einer harmonischen Beziehung hat dieses Ungleichgewicht definitiv absolut nichts zu tun und damit überhaupt nichts verloren bei euch.

Selbst wenn du ein besseres Einkommen hast, als er! Selbst wenn du aus irgendeinem Grund vermögender sein solltest, als er! So flehe ich dich dennoch an, ihn bitte nicht und niemals auf diese grausame Art und Weise zu entmannen.

Stattdessen bitte ich dich sehr darum, dir deinen finanziellen Status nicht anmerken zu lassen oder ihn gar als Waffe in der Liebe einzusetzen.

Liebe ihn so wie er ist. Unabhängig davon, was er ist, hat oder nicht hat.

Liebe ihn! Bewundere ihn! Respektiere ihn! Lasse ihn Mann sein und er wird dich für alle Zeiten lieben!

Du ersparst euch beiden die Schmach des Geber- und Nehmer-Endergebnisses.

Alles für einen Mann getan und gegeben zu haben, kann dich eines Tages nur mit dem Verlust des Mannes bzw. seinem "undankbaren" Rückzug konfrontieren.

Ein Mann, der alles nimmt und evtl. dann auch seine Vorteile daraus zieht und plötzlich immer fordernder wird, muss sich früher oder später von dieser Frau trennen, wenn er sich nicht ein Leben lang als Eunuch fühlen möchte.

Deshalb leite so schnell es geht die Umkehr eurer Rollen ein. Auch wenn seine Geschenke nicht besonders wertvoll sein mögen, so will er dir dennoch damit sagen, dass er dich liebt. Auch wenn er dir nicht so viel bieten kann, wie du es vielleicht gewöhnt bist, so ist es seine Art dir zu sagen, dass er dich liebt, wenn er für dich etwas repariert oder an die Wand macht.

Deine Freude und Wertschätzung darüber ist sein wertvollster Lohn für ihn.

Liebe ihn ganz einfach und bezahle ihn niemals für seine Liebe zu dir!!!

Gefühle als erster aussprechen bzw. den Mann mit langen SMS/WhatsApps überfallen, ihn unter Druck setzen und ihn somit überholen!

"Wer Menschen anbetet, verarmt"

Lisa Wenger

Zu diesem Punkt gibt es einen ganz wichtigen Grundsatz:
Ganz egal, in welcher Phase sich eine Beziehung bzw. das Kennenlernen befindet, alles aber auch wirklich alles soll der Mann als erster machen!

Dass ein Mann unter allen Umständen nicht nur männlich sein möchte, sondern sogar muss, um sich wohl in seiner Haut fühlen zu können, dürfte mittlerweile mehr als nur klar sein.

Gerade in der Kennenlernphase überprüft der Mann seinen Wohlfühlfaktor eigentlich ununterbrochen.
Mal in einem etwas längeren Abstand und dann wieder in der direkten Nähe zur Frau.
Man könnte auch sagen, dass das Kennenlernen einem andauernden Überprüfungszustand des Mannes und seiner Gefühle der Frau gegenüber unterliegt.

Beim ersten Date überprüft er, wie weit er gehen darf!
Bei den folgenden Dates überprüft er, wie wohl er sich in der Gegenwart der Frau fühlt!
In den zeitlichen Abschnitten der Dates überprüft er das Verhalten der Frau!
Anhand ihrer Nachrichten überprüft er ihren Allgemeinzustand und ihre Gefühle zu ihm!
Durch die Mitteilungen überprüft er darüber hinaus auch seine Gefühle zu dieser Frau!
Was regt sich in ihm, wenn er eine Nachricht von ihr bekommt?

Hat er das Bedürfnis, gleich nachzuschauen, was sie ihm geschrieben hat?
Verspürt er das Verlangen, ihr sofort zu antworten?
Usw...

Das bedeutet, dass er sich und seiner Gefühle über diese bevorstehende Verbindung sicher sein möchte, bevor er sich Hals über Kopf in eine Beziehung mit uns stürzt.

Dazu ist es sehr wichtig, zu wissen, dass Männer in diesem Punkt wesentlich einfacher gestrickt sind, als es sich die Frauen überhaupt vorstellen können.

Nicht die großen Worte der Gefühle sind es, die den Mann hier überzeugen, dass er mit dieser Frau richtig liegt.
Ganz im Gegenteil!
Es sind die Worte, die nicht geschrieben oder gesagt werden, die den Mann in die freiwillige Gefangenschaft der Liebe gehen lassen.

Ein Mann liebt das Geheimnisvolle. So befindet sich der Mann immer auf der Suche nach dem verlorenen Schatz. Dabei möchte er den Schatz selbst finden und ausgraben.
Eine Schatzsuche wird für ihn dann langweilig, wenn der Schatz ihm ständig entgegenkommt und sich dann auch noch selbst freilegt.
Alles beginnt mit seinem männlichen Spieltrieb. So kann das Spiel auch ganz schnell wieder vorbei sein, wenn der Mann schon von vornherein zum Sieger erklärt wurde. Das ganze ohne Anstrengung und Spaß.

Leider wissen die wenigsten Frauen, dass sie der Schatz in diesem Kennenlernspiel sind.
Das liegt wohl daran, dass die Frau sich ihres eigentlichen Wertes überhaupt nicht mehr bewusst ist.
Früher mussten die Prinzen bei der Prinzessin anstehen, um ihr Gehör zu bekommen. Oder mussten ihr etwas ganz Besonderes bringen, um ihr Herz zu erobern. Dafür mussten sie sogar ihr Leben aufs Spiel setzen.
Dann gab es Zeiten, in denen der Mann bei der Familie um ihre Hand anhalten musste. Er war gezwungen, sich an alle

Regeln der Eroberungskunst halten zu müssen um ihr Herz zu bekommen.

In anderen Ländern musste man für die Frau fast sein ganzes Hab und Gut hergeben, um bei dieser einen überhaupt eine Chance zu haben.

Es gibt unzählig viele Beispiele in unserer Menschheitsgeschichte, in denen der Mann fast alles geben oder tun musste, um die Frau seines Herzens auch wirklich als die seine bezeichnen zu dürfen.

Männer haben sich wegen einer Frau sogar duelliert. Oder sie sind sogar für eine Frau in den Tod gegangen. Zumindest haben sie den Tod für eine Frau in Kauf genommen.

Selbst auf der Titanic sind die Männer den Frauen untergeordnet worden.

Männer, die für Frauen in den Tod gegangen sind, waren Ehrenmänner.

Männer, die für ihre Familien in den Krieg gezogen sind, waren die wahren Helden auch über ihren Tod hinaus.

Unzählige Beispiele könnte ich dir hier noch aufzählen. Doch ich denke du weißt mittlerweile, worauf ich hinaus möchte?

Männer, die für Frauen alles tun und geben dürfen, fühlen sich in der Tiefe ihres Herzens als die wahren Helden und Ehrenmänner. Mit der Tiefe ihres Herzens ist wiederum der Urinstinkt des Mannes gemeint und angesprochen.

Ja, wir Frauen waren und sind schon immer die wahren Göttinnen aller Zeiten gewesen!

Wann bitte haben wir damit begonnen, das zu vergessen?

Wann haben wir damit begonnen, das nicht mehr zu fühlen?

Wann haben wir vergessen, uns so zu sehen?

Wann haben wir damit aufgehört, unsere weibliche Macht zu leben?

Die Emanzipation alleine kann das nicht geschafft haben!

Die Emanzipation beabsichtigte lediglich, die Unterjochung der Frau zu beenden und für die Gleichberechtigung der Frau zu sorgen. Niemals lag es in ihrer Absicht, die Frau zum Mann zu machen...das kann und will ich nicht glauben.

So ist die Emanzipation definitiv eine gute Sache, solange sie sich nicht in die Liebe und in unsere Urinstinkte einmischt.

Wie nur war es möglich, dass wir uns selbst so sehr verlieren und zu einem Mann geworden sind?

Und wann haben wir damit begonnen, uns auch so zu verhalten?

Hierzu mal einige Praxis-Beispiele:

Wie genau sieht das Verhalten von Mann und Frau in der heutigen Zeit aus?

Mann und Frau begegnen sich. Beide spüren den Zauber der Liebe und der Vertrautheit in der Luft liegen.
Der Mann nimmt all seinen Mut zusammen und spricht die Frau an (evtl. auch beim Onlinechat in einer Singlebörse).
Es kommt zur ersten Verabredung zwischen den beiden.
Leider kann es hierbei bereits zu den ersten Rollenverschiebungen ihrer Urinstinkte kommen. Indem die Frau hier bereits den Anfang macht.
Klar, der Frau gefällt dieser Mann auf Anhieb. Das kann vorkommen und ist auch ganz wunderbar, wenn das passiert.
Wir Frauen wissen eben einfach etwas früher, als der Mann, was uns anspricht und was nicht. Was uns gefällt und was wir gar nicht wollen.
Der Mann dagegen ist immer noch in seiner Verzögerungstaktik bzw. in seiner allerersten Testphase der Frau.
Man kann uns Frauen vieles nachsagen. Einiges stimmt und einiges eben nicht. Aber eines ist sicher! **Geduld ist leider überhaupt nicht unsere Stärke!!!**
Deshalb kann es passieren, dass wir noch vor unserem ersten Date mit dem Mann eine Art unbewussten Druck auf den Mann ausüben.
Erinnere dich bitte nochmal zurück, was ich dir über die Energieverbindungen der Menschen erzählt habe.
Jeder noch so kleine und unabsichtliche Druck ist für deinen Gegenüber fühlbar. Zwar nicht zu benennen oder zu deuten, aber dennoch sehr klar fühlbar.
Deshalb ist unsere Ungeduld für den anderen fühlbar. Er geht aus unerklärlicher Sicht auf Abstand zu uns.
Bei uns Frauen wächst das Bedürfnis, den Mann jetzt endlich zu treffen, von Tag zu Tag mehr an. Der Mann dagegen verspürt mehr und mehr das Bedürfnis, sich zurückzuziehen.
Das kann so weit gehen, dass es niemals zu dieser ersten Verabredung kommt.

Bitte überlasse ihm den ersten Schritt. Ganz egal, wie lange er dafür braucht. Wenn er dir wirklich gefallen sollte, dann mach ihm das Geschenk deiner Geduld und lass ihn das erste Date vorschlagen.

Nun gut, es kommt zu eurem ersten richtigen Treffen. Bedenke, dass der Mann in der Regel noch viel aufgeregter ist, als du. Er unterliegt einem urinstiktiven Versagensdruck.
Mach es ihm also so leicht wie möglich. Lache viel und gib dich leicht und unkompliziert (dazu später mehr).
Und siehe da, euer erstes Date war ein voller Erfolg (und kein Sex bitte!). Der zweite Test ist bestanden!
Ihr trennt euch wieder und er verspricht dir, sich wieder zu melden.
Deine weiblichen Urinstinkte sind mehr als aktiviert und überaus begeistert von seiner Männlichkeit.
Die dritte Testphase (Geduld und Verhalten der Frau im Warten) beginnt.
Er, dem dieser Abend ebenfalls sichtlich gefallen hat, geht jetzt aber mal wieder die Welt retten (d.h. er hat schlicht und ergreifend überlebensnotwendige Dinge zu tun...z.B. sich mit Freunden treffen usw.)
Ich verspreche dir, dass auch du jeden Tag in seiner Erinnerung bist. Nur ist jetzt das männliche, anders tickende Zeit-Gen am Werk. Während du es kaum erwarten kannst, ihn wiederzusehen scheint er es ganz locker zu nehmen.
(Warum sollte er sich auch beeilen...mittlerweile haben Männer sehr gut kapiert, dass die Frau früher oder später sowieso die Initiative ergreifen wird und sich von sich aus meldet. Was ihm dann wiederum sofort bestätigt, dass es sich hier ganz offensichtlich wieder nicht um den wahren Schatz handelt. Sondern um eine von vielen!)
Tja, und leider werden die meisten Männer in ihrem Eindruck bestätigt.
Mittlerweile reißt dir der Geduldsfaden und du meldest dich.
Natürlich wirst du dich sehr unverfänglich und reizend melden.
Deine erste Nachricht wird auch noch beantwortet. Ebenfalls sehr reizend, aber unverfänglich.
Eigentlich erwartest du von ihm, dass er das nächste Treffen vorschlägt. Doch stattdessen teilt er dir nur mit, wie viel Arbeit er gerade habe.

Test Nummer vier beginnt.

Du zeigst dich sehr verständnisvoll und rücksichtsvoll und beschließt, ihn wieder in Ruhe zu lassen.

Wenn da nur nicht diese dumme und stetig wachsende Sehnsucht nach ihm in dir wäre.

Nach ein paar Tagen ohne irgendein Lebenszeichen von ihm, reicht es dir. Du beschließt, ihm in einer längeren Nachricht deine Gefühle etwas näherzubringen. In der Hoffnung, ihn damit zu berühren und letztendlich auch dazu zu bewegen, dich ebenfalls wieder treffen zu wollen.

Er liest deine Nachricht. Doch dieses Mal antwortet er nicht gleich darauf. Er lässt sich Zeit. Langsam aber sicher liegen deine Nerven blank. Solltest du dich wirklich so sehr in ihm getäuscht haben?

Alle deine Freunde und Bekannten geben dir den guten Rat, diesen Mann doch einfach zu vergessen. Leider funktioniert das überhaupt nicht. Im Gegenteil, es geht dir von Tag zu Tag schlechter und schlechter.

(Aus energetischer Sicht hast du mittlerweile alle seine Räume mit deinen Energien besetzt. Selbst wenn er es möchte, kann er aus einem nicht erklärbaren Grund nicht zu dir kommen. Es ist spürbar kein Platz für ihn bei dir vorhanden. Dazu empfehle ich dir die CD zur Blockadenlösung für dich und ihn und das Programm "Liebe anziehen" + Secrets, sich selbst lieben lernen und sein Selbstbewusstsein stärken. Siehe Empfehlungen)

Ehe du dich versiehst, bist du von der Liebe in den Zustand der Abhängigkeit und des Brauchens gerutscht.

Immer wieder überfällt dich die Verzweiflung und du schreibst ihm, aller guten Vorsätze zum Trotz, erneut.

Deine Nachrichten werden länger und eindeutiger. Zu deinem Entsetzen musst du erfahren, dass er deine Nachrichten nicht einmal mehr liest. Jetzt bleiben sogar seine kurzen Antworten aus.

Und das alles nur, weil er in seiner urinstinktiven Testphase Nr. 4 ist.

Spätestens jetzt sagt ihm sein Urinstinkt, dass das mit euch nichts werden kann.

Viel zu abhängig und bedürftig erscheinst du ihm so. Ein Gefühl der Traurigkeit und des Versagens breitet sich in ihm aus.

Hatte er doch diesmal gedacht, er hätte einen wahren Schatz gefunden.

Eine Frau, die all seine Themen mit ihm teilt. Stattdessen hat er die Frau mit dem Ausleben seiner Männlichkeit unglücklich gemacht.

Zurück bleiben auf beiden Seiten die Gefühle des Versagens und der Ängstlichkeit, es nie wirklich gut und richtig machen zu können.

Der Selbstwert von euch beiden befindet sich mittlerweile auf dem Nullpunkt.

Was wäre wenn die Frau die Geduld für alle männlichen Test-phasen aufbringen würde?

Die Chance in die Umkehr:

Bitte mach dir ganz bewusst, dass du in jeder Hinsicht ein wahrer Schatz bist.

Ein echter Schatz versteckt sich erstmal. Geduldig bleibt er solange in seinem Versteck, bis er gefunden wird.

Solange gibt er seinen wahren Wert auch nicht preis.

Er lässt dem Schatzsucher die Freude, ihn zu finden, ihn aus-zugraben und seinen Wert selbst festzustellen.

Die Schatzsuche ist gleichgesetzt mit dem Ansprechen und dem auf dich Zugehen!

Die Freude beim Finden des Schatzes ist gleichgesetzt mit dem Erobern der Frau. Er darf zuerst schreiben. Er darf das erste Date organisieren. Er darf sich nach dem ersten Date wieder als erster bei dir melden. Ganz egal, wie lange er dafür braucht.

Den wahren Wert seines Schatzes selbst zu erkennen bedeu-tet, dass er der erste sein darf, der dir seine Gefühle offenbart.

Du bist und bleibst bis dahin das Geheimnis auf ganzer Linie.

Schließlich bist du die Frau und damit gehörst du vergöttert und geliebt...einfach weil du die Frau bist.

Wenn du das hier liest, so frage ich dich, kommt da nicht auch irgendwann eine dicke, fette Wut in dir hoch.

Was erlaubt sich der Kerl eigentlich, dich so lange, wie ihm es gerade in den Kram passt, zu testen?

Ganz genau...das ist doch eine Unverschämtheit.
Und warum sind wir Frauen denn trotz seines unverschämten Verhaltens so verständnisvoll und weiterhin umgänglich ihm gegenüber?

Hier greift jetzt die männliche Liebe zu den Frauen mit ihren Prinzipien.
Das bedeutet, dass wir nur eine gewisse Zeit freundlich und verständnisvoll sein werden. Danach werden wir nämlich sauer.
Sollte ein Mann sich also zu lange Zeit lassen für sein erstes Melden nach unserem ersten gemeinsamen Date (und verlasse dich darauf, dass er sich irgendwann melden wird...100%), dann dürfen wir unseren Unmut auch zeigen.
Ja, wir dürfen es sogar sagen. Schließlich haben wir nichts zu verlieren.
Eine Frau, die ständig nur für alles und jeden Verständnis zeigt, vermittelt den Männern ihre unbewusste Verlustangst um diesen Mann.
Und wenn hier einer eine Verlustangst haben sollte, dann doch wohl der Mann, welcher sich viel zu spät meldet.
Längst könnten wir ihn doch vergessen haben oder vielleicht nicht mehr wollen.
Ganz genau das dürfen wir etwas zickig auch ansprechen.
Typisch weiblich wäre es sogar jetzt, beleidigt zu sein.
Denke bitte nochmal an die Einleitung, was Männer lieben und wie Männer ticken.
Ein Mann will und muss die Frau unter allen Umständen glücklich machen. Das weibliche Beleidigtsein erlaubt dem Mann, seinen Fehler wiedergutzumachen.
Wichtig ist nur, dass wir nicht ihn als Person anzicken. Wir dürfen ihm nicht den Eindruck vermitteln, dass er es ist, der uns unglücklich macht. Es ist seine verzögerte Nachricht, welche uns sauer macht.
Wir können ihm zeitgleich auch sagen, worüber wir uns gefreut hätten. Nämlich über eine schnellere Nachricht von ihm!
Dann sollten wir selbstverständlich nicht lange nachtragend sein und ihm die Chance einer Wiedergutmachung einräumen.

So, jetzt hat er sogleich eine kleine Gebrauchsanweisung von dir erhalten und dazu noch etwas über deine Prinzipien erfahren.
Für all das wird er dir so dankbar sein und dich schlussendlich dafür lieben.

Solltest du also auf so ein typisch männliches Exemplar treffen, dann ist die oberste Regel, dich in Geduld zu üben.
Dich als den größten und wertvollsten Schatz auszugeben, den er jemals zu Gesicht bekommen hatte. Was du mit absoluter Sicherheit auch bist. Denn dich gibt es kein zweites Mal...du bist und bleibst ein unschätzbar wertvolles Unikat, jetzt und für alle Zeit!!!

Lass ihn das wissen, fühlen und sehen, wie glücklich er sich schätzen darf, dass du überhaupt mit ihm sprichst oder dir gar die Zeit für ihn nimmst.
Ja, zeig ihm, dass du eine Frau/Prinzessin bist, bei der "Mann" sich schon etwas mehr einfallen lassen muss und tun muss, als üblicherweise.

Er darf unter anderem dein Essen bezahlen. Darf dir die Tür aufhalten, dich nach Hause begleiten, dir Blumen schenken, dir deine Einkaufstasche tragen, für dich etwas erledigen, dich anrufen, dir schreiben, usw...da bist du sehr großzügig, solange er beständig und zuverlässig ist.

Übrigens wollen wir Frauen gleichermaßen den typischen Mann.
Wir wollen überhaupt nicht den "Frauenversteher" an unserer Seite haben.
Auch wir wollen einen ganzen Mann haben.
Zum einen lieben wir das, weil wir so nämlich ganz weiblich sein dürfen und zum anderen sehnen sich auch unsere Urinstinkte nach der Stärke und Sicherheit, welche von einem männlichen Mann ausgehen.

Warum also versuchen wir ständig, den Mann verändern zu wollen?

Wollen wir wirklich den "Softy", der ständig über seine Gefühle spricht und uns andauernd seine Liebe und seine Gefühle zu uns gesteht?

Ist es nicht auch für uns Frauen viel reizvoller, einen Mann, der eben ganz typische männliche Dinge tut, an unserer Seite zu haben?

Männer brauchen uns Frauen doch überhaupt nicht zu verstehen. Sie müssen nur wissen, was uns glücklich macht und es dann tun. Das reicht uns in Wahrheit schon.

Liebe Prinzessinnen,
lasst euch einfach für alles etwas mehr Zeit. So habt ihr den Mann euer ganzes Leben lang, für immer.

Hört damit auf, ihn verbiegen zu wollen und aus ihm eine Frau machen zu wollen. Lasst ihn ganz Mann sein und genießt es, dass ihr ganz Frau sein könnt.

Und wieder darfst du dich für einen Schmerz entscheiden.

1. Den Schmerz der Ungeduld und des Aushaltens zu Beginn eures Kennenlernens?

2. Oder den Schmerz, wenn er sich (möglicherweise für immer) verabschiedet?

Es ist deine Entscheidung!

Ich persönlich liebe mich (mittlerweile) viel zu sehr, als dass ich mich wie saures Bier irgendjemandem anbieten müsste.

Wer nicht will, der hat eben (Pech) gehabt!!!   (unbekannt)

Ausgeprägtes Helfersyndrom aufzeigen und den Mann gesund und glücklich machen wollen um jeden Preis!

"Der Böse schadet uns und unter den Guten haben wir zu leiden"

Jean de la Bruyere

Dieses Zitat beinhaltet nichts als die Wahrheit.

Oft sind es gerade die guten (Helfer), die uns das Leben schwermachen.
Eine übertriebene Fürsorge oder Liebe zu einem anderen Menschen kann diesen Menschen eher erdrücken und einengen, als ihn in seiner Genesung wirklich zu unterstützen.

Nicht nur, dass sich dieser Mensch von seiner Heilung immer weiter entfernen wird, als sich ihr anzunähren. Dazu wird er sich auch immer schlechter fühlen.
Es kommt vor, dass wir jemand anderen in die Schublade des Hilfsbedürftigen stecken. Das tun wir zum einen unbewusst durch unser Verhalten dieser Person gegenüber und zum zweiten durch unsere Art und Weise, mit ihm zu sprechen.
Langsam aber sicher beginnt der andere, sich tatsächlich in diese Schublade des Hilflosen einzufügen. Statt einer Besserung geht es dieser Person dann von Tag zu Tag schlechter.
Er verliert seine Autonomie und sein Selbstbewusstsein.
Entweder, er glaubt jetzt mittlerweile selbst daran, dass er die Hilfe eines anderen auf Dauer benötigt. Oder er wird sich dieses Psychospiels in die Abhängigkeit des Partners bewusst und geht dagegen an.

Dazu ein Praxisbeispiel:

Stell dir mal bitte vor, du vertraust deiner Freundin an, dass du unter Akne leidest und dich damit hässlich fühlst.

Deine Freundin würde dich jetzt aber nicht aufbauen sondern voll auf dein Thema einsteigen.

Sie fängt an, dich in deiner Minderwertigkeit zu bestärken, statt dir einfach mal etwas Liebes und Positives zu sagen.

Und obwohl du schon so viel ausprobiert hast und du dich sehr vielen Behandlungen unterzogen hast, hört sie nicht damit auf, dir immer neue Vorschläge weiterer Heilmethoden aufzudrängen.

Deiner Meinung nach hat sich auch schon etwas verbessert. Wenngleich es nicht die schnelle Wunderheilung ist, dafür aber stetig.

Deine Freundin dagegen weiß weiterhin einfach nichts Besseres zu tun, als dich Tag für Tag aufs Neue darauf anzusprechen.

Und sollte sich dann tatsächlich mal wieder ein großer Pickel zeigen, gerät deine Freundin in Panik und möchte dich umgehend zu ihrem Wunderarzt schleppen.

Das alles wird dir einfach irgendwann zu viel und du möchtest dich so gerne einfach nur mal wieder ablenken und an gar nichts denken müssen.

Aber immer, wenn deine Freundin dich ansieht, siehst du ihren mitleidigen Blick auf deine Haut.

Nach und nach geht es dir immer schlechter, wenn du mit dieser Freundin und ihrem mitleidigen Blick für dich zusammen bist.

Eines schönen Tages triffst du auf eine andere Freundin, die sich aus deiner Akne nicht das Geringste macht. Es scheint ihr nicht mal besonders aufzufallen. Sie nimmt dich einfach so wie du bist.

Kein Mitleid! Keine übertriebene Fürsorge! Einfach sein können, wie du bist!

Bei welcher der beiden Freundinnen würdest du dich jetzt wohler fühlen?

Bei einem übertriebenen Helfersyndrom für den Partner mutieren wir Frauen leider manchmal zur Freundin Nr.1.

Nicht nur, dass wir ihm damit seine Autonomie und seinen Selbstwert nehmen und er langsam selbst davon überzeugt ist, dass mit ihm etwas nicht stimmt. Überdies entmannen wir ihn auch noch (schon wieder!).

Jeder Mensch liebt es, gebraucht zu werden. Wir alle wünschen uns sehr, für unseren Herzpartner unentbehrlich und lebensnotwenig zu sein. Naja, die einen von uns etwas mehr, als die anderen.

Es ist ein gutes Gefühl, mit dem Menschen, den man liebt, ein starkes Team zu sein.

Wir fühlen uns wertvoll und wenn unsere Hilfe dann auch noch Freude macht, dienlich und erfolgreich war, dann ist das schon eine wunderbare Sache.

Vielleicht bekommen wir auch noch anerkennende Worte des Dankes, was der reinste Balsam für unsere Seele ist.

Gerade wir Frauen scheinen mehr als jeder andere auf dieses Gefühl, als Retter glänzen zu wollen, angewiesen zu sein.

Selbstverständlich! Denn wir haben das tatsächlich in unseren Urinstinkten verankert.

Wir tragen das Mutter-Gen in uns. Und dieses Mutter-Gen möchte sich bei jeder noch so kleinen Gelegenheit ausleben.

Sollten wir das aber nicht mehr unter Kontrolle haben, kann es sehr leicht passieren, dass wir das unbewusst auch bei unserem Partner ausleben.

Wir sind dann kein starkes Team mehr, das sich nach gemeinsamen Lösungen umschaut. Ganz plötzlich sind wir die Mutter unseres Partners, für den wir stets eine Lösung parat haben.

So kommt es also zu einer gravierenden Rollenverschiebung zwischen Mann und Frau.

Wir bilden uns ein, ganz genau zu wissen, was unserem Partner guttut und was nicht.

Wir wissen, was ihm steht und was ihm nicht steht. Also welche Kleidung wann gut für ihn ist und welche er lieber nicht tragen sollte.

Unsere Empfehlungen von Ärzten für ihn sind immer nur die besten. Denn schließlich wissen wir, was ihm guttut und was er braucht. Und am besten machen wir auch gleich den Termin für ihn aus.

Selbstverständlich wissen wir auch, wann er zu viel getrunken hat und wann es Zeit wird für ihn, ins Bett zu gehen.

Natürlich wissen wir auch am besten, was ihm schmeckt und was ihm gar nicht bekommt...schließlich meinen wir es ja nur gut mit ihm...

Tja, wir sind einfach ganz tolle Mütter...ups...Verzeihung. die tollsten und perfektesten Partnerinnen, die es auf der Welt für ihn jemals geben kann!

Was meinst du? Wie viele Männer leben gerne mit ihren Müttern zusammen?
Wie viele Männer beglücken ihre Mütter immer wieder sehr gerne mit ihrer Männlichkeit und ihrer sexuellen Wollust?

Ich kenne leider keinen!!! (Jedenfalls bisher!)

In den Anfängen einer Beziehung bzw. in der Kennenlernphase kommt es sehr häufig vor, dass der Mann auch dieses für sich erst einmal abklärt.
Wenn Männer sich, wie bereits erklärt, in ihren unterschiedlichen Testphasen der Frau gegenüber befinden, neigen sie ab und an zu kleineren Notlügen.

Ein Mann, der sich zu Beginn einer Beziehung noch nicht ganz sicher ist, ob er wirklich den einen besonderen Schatz für sich gefunden hat, testet das ja immer wieder mal über seine Abwesenheit.
Eine ungeduldige Frau, welche sich dann vermehrt bei ihm meldet, erwartet selbstverständlich eine Erklärung oder einen Grund von ihm, warum er sich nicht meldet.
Da der Mann ja eigentlich gerade die Welt rettet und außerdem mitten in seinem urinstinktiven Testverfahren steckt, findet er einfach so schnell keine einleuchtende Erklärung.

Männer sind nicht dumm! Aus der Kindheit heraus hat jeder Mensch für sich gelernt, dass Krankheit oder viel Arbeit eine legitime Erlaubnis bedeutet, sich von anderen Verpflichtungen freizusprechen.
Somit weiß der Mann, dass er mit einem von beiden Varianten ganz gut davonkommen kann, ohne dass die Frau ihm so böse sein kann.
Arbeit oder Krankheit sind doch für jeden Menschen sehr einleuchtende Begründungen, warum "Mann" sich nicht melden konnte. Oder warum "Mann" nicht gleich antworten konnte.

Das Verschärfte daran ist, dass der Mann sich das selbst auch noch glaubt. Aus seinem Empfinden heraus ist er ja auch der Retter dieser Erde...aus seiner Sicht ist er ja auch völlig überarbeitet und dermaßen erholungsbedürftig.

In Wahrheit unterliegen seine Empfindungen aber seinem urinstinktiven Testverfahren.

Er kann ja nicht wissen oder gar erahnen, was er damit gerade bei uns Frauen ausgelöst hat.

In diesem Moment springen wir Frauen wie kleine Mopeds (Motorräder) an.

Unser Helfersyndrom/Mutterinstinkt fühlt sich derart aufgefordert, ihm beizustehen oder ihn zu heilen, dass wir uns und unsere Bedürfnisse vollkommen beiseitelegen.

Nichts anderes zählt mehr. Es ist, als ob man bei uns einen Schalter betätigt hätte, welcher den Alarm in uns aktiviert hat.

Wir beginnen damit, in der Überzeugung zu leben, dass es uns ganz sicher gelingen würde, ihn zu heilen. Zumindest könnten wir ihn doch ein wenig mit unserer (Mutter-) Liebe verwöhnen und ablenken.

Ja, an unserer Seite würde es ihm zu 100% gutgehen.

Sämtliche Zeitschriften und Artikel werden für ihn jetzt durchforstet und ausgedruckt.

Mit verlockenden Angeboten der Ablenkung und Erholung für ihn beginnen wir, ihn jetzt mehr denn je zuzutexten.

Doch die gewünschte Reaktion seiner Einwilligung, ihm (retten) helfen zu dürfen, bleibt aus.

So sollen wenigstens wunderschöne Lieder und Texte, die wir ihm übers Handy schicken, ihm beweisen, wie wundervoll er (in Wahrheit meinen wir uns selbst damit) ist.

Während seine Meldungen immer spärlicher werden, gibt es für uns nur die eine nachvollziehbare Erklärung, dass es ihm immer noch schlechter zu gehen scheint.

Die Wahrheit ist aber, dass es uns immer schlechter dabei geht.

Warum will er nicht begreifen, dass wir die Lösung für alle seine Probleme wären.

Längst haben wir uns auf dem Weg in die Liebe selbst verloren. Wir wollen gar nicht einsehen, dass wir das Problem selbst sind.

Unbewusst haben wir damit begonnen, einem anderen Menschen die Luft zum Atmen zu nehmen.

Keine Spur mehr von unserem weiblichen Stolz, unseren guten Vorsätzen und Prinzipien.

Unser Selbstwert scheint vollkommen in den Keller gerutscht zu sein.

Dabei hat alles doch so verheißungsvoll und vielversprechend begonnen.

Wo ist der Mann hin, den wir kennengelernt haben?

Er scheint sich vollkommen in Luft aufgelöst zu haben!

Dieser Mann hat sich nicht in Luft aufgelöst. Er hat dir mit absoluter Sicherheit auch nichts vorgespielt.

Er befand sich lediglich in der Testphase seiner Männlichkeit.

Andersherum ausgedrückt, er befand sich lediglich in der Testphase deiner Geduld bzw. deines Wertes.

Zunehmend mehr musste er miterleben, wie du dir selbst deinen ganzen Wert, deinen ganzen Stolz und deine ganzen Prinzipien genommen hast.

Somit wurde es klarer und klarer für ihn, dass ein Leben mit dir ein einziges Kümmernis um ihn und seine Belange bedeuten würde.

Keine einzige Chance wurde ihm geboten, dir behilflich zu sein und damit seine Männlichkeit beweisen zu dürfen.

Der Fall war klar für ihn. Eine Entscheidung für die Beziehung mit dir käme der Entscheidung, eine Beziehung mit seiner Mutter einzugehen, gleich.

Selbst in einer langjährigen Beziehung können sich solche Rollenverschiebungen leise und heimlich einschleichen.

Mit dem Resultat, dass der Mann sich in beiden Fällen früher oder später gezwungen sieht, sich nach einer anderen Partnerin umzuschauen.

Die Umkehr bei diesem Punkt einleiten:

So aussichtslos die Situation dir jetzt auch erscheinen mag. Das ist sie aber überhaupt nicht.

Allerdings braucht die Frau für die Umkehr hier eine Menge Geduld und Spucke, das ist klar!
(Und die Geduld ist nicht gerade eine unserer Stärken)

Hör sofort auf damit, ihm zu schreiben oder dich in irgendeiner Form bei ihm zu melden.
Nur dein sofortiger Rückzug in die buchstäbliche Versenkung kann die Situation noch retten.
Bitte vertraue mir...ich habe sooo unzählig viele Männer in meiner Praxis und diese Erfahrung selbst schon gemacht.

Die Männer vergessen einen wunderschönen Abend und eine besondere Begegnung mit einer Seelenpartnerin genauso wenig, wie wir Frauen.
Auch ihre Gefühle sind einzigartig und nicht wahllos an irgendeine x-beliebige Frau eben mal schnell zu produzieren und hervorzurufen, um sie dann gleich wieder zu vergessen.
Vertraue deinem Gefühl. Das wird es dir garantiert bestätigen können.
Wenn dem so wäre, warum gibt es dann so viele Singlemänner?
Sie könnten es sich doch leicht machen und jeden Tag eine andere wählen. Doch das tun sie nicht!
Das Gegenteil ist der Fall. Männer sind sogar sehr wählerisch.
Warum sollten sie all diese Mühen für ein erstes Date mit dir auf sich nehmen, wenn es doch auch irgendeine tut, die ihm seine Bedürfnisse befriedigt.

So muss ich erneut darauf zurückkommen, dass Männer nun eben einmal Schatzsucher sind.
Ein Schatz befindet sich nun eben einmal in der Dunkelheit bzw. in der Verborgenheit.
Er schreit nicht die ganze Zeit danach, dass er hier ist und drängt sich dem Schatzsucher buchstäblich auf.

So bitte ich dich erneut inständig, spätestens jetzt zu diesem Schatz zu werden.
Mache dich rar. Zeige ihm deine Seltenheit. Beweise ihm, dass er hier den Schatz fürs Leben gefunden hat.

Beginne damit dein Leben wieder zu leben. Alles, was dich glücklich macht, ist erlaubt.
Finde dich selbst wieder. Kehre zu deinem Selbstwert zurück.

Ja, für den Moment musst du ihn loslassen. Ja und ganz sicher ist das für den Moment auch sehr schmerzhaft und alles andere als leicht.
Man kann es mit einem Entzug vergleichen. Denn ein Teil deines Lebens bricht einfach so weg.
Doch eure Energien sind dennoch miteinander verbunden.
Mit den euren verbundenen Energien verhält es sich nun mal so, dass er deine Bedürftigkeit sehr klar spüren kann.
Als ihr euch begegnet seid, wart ihr beide auf ein und der- selben Welle. Der selben Energiewelle der puren Lebensfreude und Eigenständigkeit.
Während seiner Test-Zeit bist du auf die Energiewelle des Clochards abgerutscht.
Je tiefer dein Selbstwert sinkt, desto weniger wird es sein Bedürfnis sein, sich bei dir zu melden.
Erst wenn du wieder ganz auf der Energiewelle deines Freiheitsgefühls und deines Selbstwertgefühls bist, werden die Wunder der Liebe wieder zu dir zurückkommen. Damit meine ich natürlich ihn.
Deine Veränderung wird für ihn sofort spürbar sein. Denn eure Verbindung ist zu keinem Zeitpunkt abgebrochen.
Fast wie aus dem Nichts heraus wird er sich ganz plötzlich bei dir melden.
Damit ist diese eine Testphase bei ihm abgeschlossen und jetzt will er überprüfen, wie du dann reagierst.
Solltest du noch nicht ganz in deiner Mitte sein, wirst du sicher sofort wieder in den Zustand der Bedürftigkeit zurückfallen.
Vermutlich wirst du dich so sehr über seine Meldung freuen, dass du ganz vergessen wirst, dass er sich ja so lange nicht gemeldet hat.
Der Plan und dein Verhalten sollten aber ein anderer sein.
Selbstverständlich darfst du dich über seine Meldung freuen.
Nur bist du eben gerade selbst sehr beschäftigt. Nämlich mit dir und deinem ausgefüllten und glücklichen Leben (auch ohne ihn).

Nachdem Männer nämlich ihre unbewusste Testphase abgeschlossen haben, erwarten sie im Grunde die pure Freude und deine sofortige Bereitschaft deiner Zeit für ihn.

Doch ganz genau diese/deine Zeit muss er sich ab jetzt erobern.

Schließlich bist du die Prinzessin. Du bestimmst, wo der Hase langläuft und kein anderer.

Mal im Ernst!!! Glaubt er allen Ernstes, dass eine solche Frau, wie du eine bist, tatsächlich ihr Leben und ihre Zeit damit verschwendet, auf ihn zu warten?

Weit gefehlt!!!

Du bist der Kuchen selbst (siehe im Buch Selbstliebeprogrammierung) und ein Partner dient dir lediglich zur Dekoration. Sehr gerne kann er dich erobern. Und wenn er seine Sache gutmacht, dann bekommt er sicher auch einen schönen Platz an deiner Seite. Doch mehr bist du einfach nicht bereit, zu geben.

Du bist alleine auf die Welt gekommen. Hast alle Herausforderungen deines Lebens auch allein gut bewältigen können. Du kannst dich ganz wunderbar mit großartigen Freunden selbst amüsieren. Und eines schönen Tages wirst du dieses Leben auch wieder ganz allein verlassen, um dich auf dein nächstes Abenteuer Leben vorzubereiten.

Wozu brauchst du ihn überhaupt?

Sicher, du bist die Liebe von Kopf bis Fuß selbst und natürlich möchtest du mit deiner Liebe auch einen anderen erfreuen.

Doch nie und nimmer um den Preis deines Selbstwertes, deiner weiblichen Prinzipien, deiner Selbstbestimmtheit und deiner Unabhängigkeit.

Ja, er darf dir viel Gutes tun. Falls du das möchtest und ihm das erlaubst?

Doch dafür möchtest du von ihm auch bitteschön mit all seiner Kunst des Werbens um dich und seiner Eroberung deiner Person Beweise, dass er deiner würdig ist.

Sei also gut gelaunt, wenn er sich wieder meldet, aber nicht sehr zuvorkommend zu ihm.

Halte ihn in einer s.g. Warteschleife. Antworte nicht gleich zurück...setze deine Prioritäten immer ganz so, als wüsstest du noch nicht ganz genau, wann und was du mit ihm anfangen sollst.

Gib dich geheimnisvoll und sei voller Lebensfreude.

Dieses Verhalten macht Männer fast wahnsinnig. Denn nun können sie dich nicht mehr einordnen. Was so viel bedeutet, wie dass sie ihre Weltordnung verlieren.
Endlich kommt hier ihr männlicher Urinstinkt des Jägers zum Tragen.
Ab jetzt bist du wieder der Schatz, den es auszugraben gilt.
Gefunden hat er dich ja bereits. Doch wie soll er jetzt an dich rankommen?
Tja, und jetzt eben mal mit viel Geduld und Spucke seinerseits.
Und glaube mir bitte, das wird er auch tun.
Du wirst beobachten und erleben dürfen, zu was und wie viel ein Mann fähig ist, wenn er etwas will und es nicht gleich bekommt.
Damit haben der Kampf und die Jagd nach dir begonnen. Nur eben jetzt ganz nach deinen Regeln.
Die Machtverhältnisse haben sich geändert.
Die Ordnung eurer urinstinktiven Frau/Mann-Rollen ist wieder hergestellt.
Ab jetzt darfst du deinen zurückeroberten Prinzessinnen-Status einfach nur noch genießen.
Dazu wird es sich einfach nur großartig für dich anfühlen.

Ist das nicht ein schönes Ergebnis wenn man einfach mal etwas Geduld und Spucke in die Liebe investiert und einfach mal gar nichts anderes macht, als sich selbst zu lieben und wertzuschätzen.
Der Preis fürs Nichtstun ist die Liebe zum einen für dich und zum anderen im Außen...
Selbst wenn man dafür erstmal mit dem "Nichtstun" und dem "Loslassen" von der Liebe bzw. von ihm bezahlt.
Was sind die paar Wochen oder Monate im Vergleich zu einem ganzen Leben mit ihm?
Schließlich warst du und bist du und du wirst es immer sein:
"der wichtigste Mensch in deinem Leben!!!"

Selbst in einer Beziehung solltest du dich und eure Rollen immer wieder mal reflektieren.

Da natürlich auch hier die Gefahr einer Rollenverschiebung immer mal wieder da ist.

Auch in eurer Beziehung ist dann dein Rückzug in deine Interessen und in dein Leben immer mal wieder von Vorteil für euch beide.

Eine Rollenverschiebung lässt sich auch hier ganz leicht an einem nicht nachvollziehbaren Rückzug des Partners erkennen.

Da aber jeder Mensch ein Individuum ist und alles dafür geben wird, in seiner Autonomie sein zu dürfen, solltest du das hin und wieder auch für dich selbst tun.

Habe dein eigenes Hobby. Schenke dir und deinen Bedürfnissen die gleiche Aufmerksamkeit, wie ihm. Evtl. sogar etwas übergeordnet.

Lebe dein Helfersyndrom dort, wo es wirklich gebraucht wird und auf keinen Fall in deiner Beziehung oder gar in der Kennenlernphase.

Lebe stattdessen lieber alle Facetten deiner Weiblichkeit aus.

Mit unserem ausgeprägten Helfersyndrom wollen wir in Wahrheit doch nur eine Abhängigkeit von uns schaffen, welche beiden nie und nimmer guttun kann.

Sollte dann mal irgendetwas schieflaufen, wären Vorwürfe des ständigen Gebers und die Abwehr des ständigen Nehmers an der Tagesordnung.

Solange, bis keiner der beiden sich überhaupt noch erinnern kann, warum man einst zusammenkam.

Die Basis der Liebe (= das Fundament einer beginnenden Beziehung oder einer bestehenden Beziehung) wäre dadurch so überlagert worden, dass nur noch die Trennung und damit die Freiheit ein Überleben möglich machen würde.

Bevor es dazu kommt, möchte ich dich lieber rechtzeitig darauf hinweisen, deine Rolle der Frau immer mal wieder zu überprüfen und gegebenenfalls zu aktivieren.

Mütter sind ohne Frage die tollsten überhaupt aber eben nicht, wenn es um die Liebe und die Beziehung von Frau und Mann geht.

Lasse ihn ganz der Mann sein und er wird es dir danken, indem er dich ganz die Frau sein lässt und dich dafür lieben wird.

Ein übertriebenes Helfersyndrom lenkt nur von unseren eigenen Themen ab.
Solche Ablenkungen genießt der Mensch immer dann, wenn er selbst überhaupt nichts mit sich anfangen kann.
Lieber rette ich einen anderen, als mich um mich kümmern zu müssen.
Deshalb leben die meisten ihr Helfersyndrom ganz speziell in der Partnerschaft aus, weil sie sich durch das Erretten des Gegenübers ihre eigene Rettung erhoffen.
Ihr eigener Mangel an Liebe ist so groß, dass sie versuchen, unter allen Umständen an die Liebe des anderen zu kommen.
Man könnte es mit dem Sauerstoff vergleichen.
Ihr eigener Sauerstoffvorrat ist so gering, dass sie sich unbedingt an dem Sauerstoffvorrat des anderen bedienen müssen.
Im Außen vertuschen sie ihren Sauerstoffdiebstahl so geschickt, indem sie ihrem Gegenüber weißmachen wollen, sie hätten Sauerstoff in Hülle und Fülle zur Verfügung.
Erst wenn es zur Distanz kommt müssen sie demütig erkennen, dass es nicht sie selbst waren, die den Sauerstoff hatten.
Dass sie doch sehr abhängig vom anderen sind.

Da gibt es nur eine einzige Möglichkeit...sorge für deinen eigenen Sauerstoff, indem du dich bitte bitte in allererster Linie nur um dich selbst sorgst.

Und du kannst das. Denn du hast es schon immer und dein ganzes Leben lang gemacht. Sonst würde es dich nämlich nicht mehr geben.
Sei mutig und sei dir bitte immer erst selbst der Nächste!

Den Mann eifersüchtig machen wollen (Konkurrenzkampf)!

"Eifersucht ist bestimmt das beste Gegenmittel gegen die Liebe. Durch Eifersucht wird sie bestimmt getötet – bei dem andern"

Claude Anet

Wenn ein Mann sich nicht so verhält, wie wir Frauen uns das wünschen, kommt es sehr häufig vor, dass wir Frauen eine Verhaltensveränderung bei ihm durch die Eifersucht auf einen anderen Mann herbeizwingen möchten.
Da wir Frauen auch in diesem Punkt wiedermal vollkommen anders ticken als die Männer, machen wir hier den Fehler, von uns selbst auszugehen.
Wir setzen die Eifersucht als Strategie ein.
Das Gefühl der Eifersucht ist uns allen nur allzu gut bekannt.
Bereits in der Kindheit wurden wir mit diesem unliebsamen Gefühl konfrontiert.
Sobald die Eifersucht ins Spiel kam, hat das Spiel aufgehört, ein Spiel zu sein. Die Leichtigkeit und die Freude wurden plötzlich von einem Konkurrenzdenken bzw. dem Kampfgeist abgelöst.
Das Ziel, Spaß zu haben, rückte in unerreichbare Ferne. Stattdessen stand das Gewinnen um jeden Preis im Vordergrund.
Dafür waren wir uns für keine Strategie zu schade.
Wir wollten etwas, nämlich der Sieger sein um jeden Preis.

Ich bitte dich, dich mal gefühlsmäßig in so eine Szene reinzufühlen.

Dazu ein Praxisbeispiel:

Angenommen es geht um einen sportlichen Wettkampf in der Schule. Die ganze Schule bereitet sich schon wochenlang darauf vor.

Bis zu diesem Zeitpunkt warst du in deiner Klasse auch immer die beste Sportlerin und hattest nichts zu befürchten.

Deine Klasse hat dich dafür geliebt und dir deine Erfolge neidlos zugestanden.

Auf einmal musst du dich aber mit der ganzen Schule messen. Dabei stellst du fest, dass du nicht mehr alleine die beste Sportlerin bist. Es gibt doch tatsächlich andere, die das ein oder andere noch besser können als du.

Du bemühst dich sehr und trainierst wie eine Wilde. Doch dann musst du einfach einsehen, dass da eine andere ist, die das besser macht als du.

Wie würdest du dich jetzt fühlen?

Bedenke, dass du ja bereits alles gegeben und getan hast, was in deiner Macht stand.

Sicher würdest du dich irgendwann mit dem zweiten Platz abfinden müssen.

Möglicherweise bist du aber gleich zu Beginn des Wettkampfes so dermaßen frustriert, dass du lieber sofort das Handtuch wirfst und aufgibst. Du möchtest dir die Schmach des Verlierers ersparen.

Die Anerkennung deiner Klasse reicht dir vollkommen.

Doch jetzt interessiert sich auch deine Klasse nicht mehr für deine bisher herausragenden Leistungen. Alle bejubeln den neuen Star der Schule und für dich scheint sich niemand mehr zu interessieren. Sicher wäre das doch ein sehr schwerverdauliches Erlebnis für dich?

Wann würdest du versuchen, aus diesem Spiel/Wettkampf auszusteigen?

Wie groß wäre deine Motivation, überhaupt noch daran teilzunehmen?

Unter Umständen wäre deine Motivation jetzt gleich 0.

Ganz genau so verhält es sich bei der Eifersucht, wenn es um Männer geht.

Der Mann ist hier in diesem Praxisbeispiel die beste Sportlerin der Klasse.

Er fühlt sich männlich und angesehen.

Auf einmal wird er genötigt, sich in den Wettkampf mit der ganzen Schule zu begeben.

Im übertragenen Sinne hier mit der ganzen Männerwelt.

Die Frau (= die Schulklasse), die ihn bisher für seine Leistungen geliebt hat, wendet sich jetzt einem anderen Mann zu (der anderen/besseren Sportlerin).

Da er es jetzt mit einer nicht einzuschätzenden Konkurrenz zu tun bekommt, liegen die Chancen, hier doch noch zu gewinnen, in einer sehr unbekannten Größe.

Sicherlich würde er zu Beginn sein Bestes geben. Doch irgendwann wird er keine Lust mehr darauf haben. Er will sich die Schmach und den Verlust seiner Männlichkeit ersparen.

So wird er für sich beschließen, sich vollkommen aus diesem Eifersuchtsspiel rauszuziehen. Ja, er wird gehen!

Sowohl die Klasse (=Frau), als auch die ganze Schule (= andere Frauen) haben ihn als wertlos befunden. Sie haben sich für eine andere Sportlerin (=anderen Mann) entschieden.

Der Mann kann doch nicht im Geringsten erahnen, dass es sich hier um eine Strategie handelt.

Wozu soll er sich denn so ein merkwürdiges Spiel bitteschön geben?

Reicht es denn nicht, dass er sich seiner Defizite selbst bewusst ist? Muss tatsächlich auch noch ein anderer einen draufsetzen und ihm das noch deutlicher vor Augen halten?

Wie würde es dir damit gehen?

Würde es dich tatsächlich anspornen, hier noch mehr zu trainieren? Einfach alles zu geben ohne Wenn und Aber? Oder würdest du evtl. dieser neuen Spitzensportlerin den Platz des Siegers übergeben und dich ganz gerne zurückziehen?

Selbst wenn du dem Mann dann erklären würdest, dass das alles nur eine Strategie wäre, so hätte er sich doch schon längst in den Vergleich und damit in ein Messen mit einem anderen Mann hineinbegeben.

Möglicherweise hatte er beim Vergleich mit dem anderen auch noch einsehen müssen, dass dieser andere einfach alles das hat, was er nicht hat.

Jetzt kommst du und willst ihm tatsächlich erklären, dass es nur eine List war, um ihn auf dich aufmerksam zu machen. Dass er doch der tollste Mann des ganzen Universums ist.

Wie bitte soll er dir das denn jetzt noch glauben?

Du setzt ihm einen anderen Mann vor die Nase, himmelst diesen anderen Typen auch noch an und dann behauptest du, dass er doch viel besser wäre, als der andere.

Auch hier geht der Krug wieder so lange zum Brunnen, bis er bricht.

Leider wird er das auch recht schnell tun, wenn wir Frauen das Eifersüchtigmachen als Strategie einsetzen werden, um eigentlich unseren Herzmann zu bekommen.

Ein Mann misst sich im Grunde genommen mit anderen Männern leidenschaftlich gerne. Man könnte sogar sagen, dass es mit zu seinen Lieblingsbeschäftigungen gehört.

Selbstverständlich aber nur dann, wenn es fair und reell zugeht.

In der Liebe jedoch gibt es für den Mann keine erkennbaren Regeln.

Selbst ein noch so gut aussehender Mann mit phänomenalem Einkommen kann seine Schönheit und seine Besonderheit selbst nicht sehen.

Wir Frauen sind da kein bisschen besser.

Tausendmal kann man uns bestätigen, wie toll, hübsch, schlank und einfach perfekt wir sind. Und tausendmal werden wir wieder unsicher und stellen dann alle diese Fragen ständig wieder aufs Neue.

Der einzige Unterschied zu einem Mann ist es, dass er diese (unsicheren) Fragen erst gar nicht stellt.

Ein Mann misst sich stattdessen viel lieber über seine Sportarten mit anderen Männern.

Hier hat jeder die gleiche Chance, unabhängig von Äußerlichkeiten und Einkommen.

Mit einer Eifersuchtsstrategie dagegen begehen wir die absolute Todsünde. Wir nötigen den Mann, sich über sein Äußeres usw. mit einem anderen Mann zu vergleichen und zu messen.

Wer weiß aber denn, was schön ist? Kann der Mann den Geschmack einer Frau tatsächlich wirklich einschätzen und abschätzen. Nein, ganz genau das kann er eben nicht. Und bevor er hier als der Verlierer vom Platz geht, geht er lieber schon davor.

Wir Frauen sind da eben etwas anders gestrickt. Wir würden einen tollen Mann nur sehr ungerne kampflos einer anderen überlassen.

Jedenfalls kämpfen wir doch noch solange, wie wir den Eindruck haben, dass wir diesen Kampf auch gewinnen könnten. Erst wenn wir sicher wissen, dass wir chancenlos sind, geben wir auf. (Sicher gibt es auch viele, die bereits vorher aufgeben...verständlich. Denn auch sie wollen sich nicht mit einer anderen Frau messen und vergleichen müssen.)

So schafft die Eifersucht einen Rahmen des Misstrauens und der Unsicherheit.

Mit Sicherheit ist das der dämlichste Versuch einer Frau, einen Mann mit einem anderen Mann für sich gewinnen zu wollen.

Ja, wenn wir Frauen eifersüchtig sind, dann kann das dem Mann tatsächlich sehr schmeicheln. Er darf dadurch erfahren, wie wichtig er dir ist. Doch auch hier nur bis zu einem bestimmten Maß.

Eine länger anhaltende Eifersucht wird er uns sehr schnell als krankhafte Eifersucht auslegen.

Die Basis einer jeden Beziehung und ganz besonders in der Kennenlernphase ist nun eben einmal das Vertrauen.

Sollte sich bereits in den ersten Wochen solch eine ungesunde Eifersucht einschleichen und zeigen, dann wird der Mann sich sehr schnell ein Bild von eurer gemeinsamen Zukunft ausmalen.

Ein Leben und eine Beziehung, die von Eifersucht begleitet ist, würde für den Mann bedeuten, sich in eine Gefangenschaft zu begeben. Ständige Rechtfertigungsszenarien würden an jeder Ecke auf ihn lauern.

Sein Leben in der Männlichkeit wäre der dauernden Bedrohung seiner Entmanntheit ausgesetzt.

Sobald dann noch ein Konkurrent ins Kennenlernspiel eingesetzt würde, könnte er nur noch eines machen...gehen, so schnell und weit ihn seine Beine tragen.

Die Umkehr bei diesem Punkt einleiten:

Hier gibt es nur die eine Möglichkeit: Spiele mit offenen Karten.

Wähle den Weg geradeaus. Indem du den zweiten Mann mit ins Boot holst und auch ihn einweihst. Erzähle ihm von deiner Strategie. Dann stelle den zweiten Mann deinem Herz-Mann vor. Mache die beiden ganz einfach miteinander bekannt.

Bekenne dich aber ganz klar und eindeutig zu deinem Herz-Mann. Mache dein größeres Interesse an deinem Herz-Mann sichtbar und zeige es ganz offensichtlich, welcher der beiden dir mehr am Herzen liegt.

Der Mann deines Herzens wird sichtlich erleichtert darüber sein, dass du auch in der Öffentlichkeit und ganz besonders vor seiner augenscheinlichen Konkurrenz so eindeutig bist.

Jetzt kann er sich deiner wieder sicher sein und noch viel wichtiger, er kann sich seiner Männlichkeit wieder sicher sein.

Es gibt nichts zu befürchten für ihn und alle dürfen sich hier wieder entspannen.

Eins muss uns Frauen sehr bewusst sein. Ein Mann ist nun eben einmal ein Mann und keine Frau.

Sollte uns tatsächlich an seinem Verhalten irgendetwas missfallen, dann wäre es immer klüger, dies auch ganz direkt zu sagen. Sinnvoller ist es immer, sich da auf seine Prinzipien zu berufen.

Damit kann der Mann etwas anfangen.

Er weiß schließlich nicht, wie Frauen ticken und wenn ein mutmaßlicher Konkurrent auf der Bildfläche erscheint, könnte es aus seiner Sicht doch sehr gut möglich sein, dass die Frau ihre Meinung was ihn betrifft geändert hat.

Warum sollte er jetzt eigentlich dann um die Frau kämpfen. Das ergibt aus der Sicht eines Mannes mal überhaupt keinen Sinn.

Männer brauchen die Treue und Beständigkeit einer Frau ebenso sehr, wie wir Frauen das von einem Mann brauchen.

Wähle den ehrlichen Weg, lebe deine Prinzipien und liebe dich für deine Wahl und deine Direktheit. Dann wird er es ebenso sehr tun, wie du☺

Die Prinzipien einer Frau:

"Die Frauen ändern zwar manchmal ihre Ansichten, aber nie ihre Absichten (Prinzipien)"

Curt Goetz

Hier mal ein paar allgemein gültige Prinzipien, welche jede Frau immer in sich fest verankert tragen sollte:

- Eine Frau spricht keinen Mann an!

- Eine Frau bittet niemals um ein Date!

- Eine Frau fragt niemals nach der Telefonnummer eines Mannes!

- Eine Frau bezahlt niemals beim ersten Date ihr Essen selbst!

- Eine Frau will erobert werden!

- Eine Frau geht niemals beim ersten, zweiten, dritten...(solange, bis er dich mit allen seinen Künsten erobert hat) ins Bett mit einem Mann!

- Eine Frau lässt die Finger von vergebenen Männern (jedenfalls solange, bis er sich getrennt hat)!

- Eine Frau nimmt ihre Bedürfnisse als genauso wichtig wahr, wie sich selbst!

- Eine Frau wartet nicht auf den Anruf eines Mannes!

- Eine Frau wartet überhaupt nicht auf einen Mann!

Natürlich darfst du diese Liste noch beliebig erweitern.
Je mehr Prinzipien du hast, desto leichter kannst du sie für dich leben und durchsetzen.
Umso einfacher machst du es deinem zukünftigen Partner oder deinem festen Partner in eurer Beziehung☺

Die Körpersprache eines Mannes:

"Im echten Mann ist ein Kind versteckt; das will spielen"

Friedrich Nietzsche

Die Körpersprache eines Mannes wird dir sehr viel über seinen aktuellen Zustand verraten können. Deshalb werde ich dir mal ein paar sehr deutliche Zeichen näher erläutern.

Dieses Wissen erleichtert uns Frauen das Zusammensein mit einem Mann ungemein.

Die Körpersprache im ganz Allgemeinen gesehen verrät uns unvorstellbar viel über den Zustand unseres Gegenübers.

Wir alle werden unbewusst gesteuert. Ob wir uns wohl und geborgen fühlen, legen wir dann ganz selbständig über unsere Körpersprache offen.

Dies ist nichts, was wir beeinflussen oder kontrollieren können. Es ist eine Art Reflex, welchem wir uns nicht verwehren können.

Diese Reflexe kommen direkt aus unserem Urinstinkt und leiten eine Botschaft an unser Gehirn weiter.

Es handelt sich indirekt um einen instinktiven Überlebensmechanismus.

Ganz bestimmte Körperregionen beim Menschen müssen über schnelle Reflexe geschützt und behütet werden, um einem sicheren Tod entgehen zu können.

Besonders die Region des Halses oder Herzens gehören dazu.

Bei Männern kommt die Region ihrer Geschlechtsorgane noch zusätzlich dazu. Da sich ihre Fortpflanzungsorgane außerhalb ihres Körpers befinden.

Dann gibt es noch ein paar signifikante Körperhaltungen, welche uns etwas über das momentane Befinden des Menschen verraten.

Die Hände z.B. verraten uns, wann ein Mensch lügt oder dieser unsicher ist. Ob er dem Gegenüber vertraut oder vorsichtig ist. Aber auch, ob er etwas zu verbergen hat und nicht in seiner Mitte ist.

So können die Hände beispielsweise feucht oder zittrig sein.

Menschen, die ständig ihre Hände zu Fäusten ballen, sind sehr sehr unsicher und sehr misstrauisch anderen gegenüber. Ganz offensichtlich trauen sie sich selbst nicht besonders viel zu bzw. sie trauen sich selbst wohl nicht über den Weg.

Ein Mensch, der nicht die Wahrheit sagt, wird versuchen, die Hände zu verstecken. Da die Temperatur in den Händen ansteigt auf Grund einer schnellen Herzfrequenz, könnten ihn feuchte und zittrige Hände sehr schnell verraten.

Menschen, die nichts zu verbergen haben, werden ihre Hände stets offen darlegen...und am optimalsten ist es noch, wenn man die Handinnenflächen sehen kann.

Der Körperstand, sprich der Stand der Beine, verrät uns den Gefühlszustand des Menschen.

In unseren beiden Gehirnhälften gibt es eine Seite, die für unsere rationale Wahrnehmung zuständig ist und es gibt eine Seite, welche für den Zustand unserer Gefühle verantwortlich ist. Da unsere beiden Gehirnhälften die Steuerung dafür über Kreuz ausüben, wechselt sich auch der Stand unserer Beine dementsprechend.

Steht dein Gegenüber also auf seinem rechten Bein, dann befindet er sich überwiegend in einem sehr rationalen und überprüfenden Zustand.

Sein Gehirn bekommt den Impuls, dass jetzt seine Analytik und Berechenbarkeit gefordert wird von ihm.

In einer partnerschaftlichen Diskussion könnte man das als eine Art Abwehrhaltung verstehen. Der andere bereitet sich auf eine Argumentation vor, um den anderen von etwas überzeugen zu wollen. Dennoch zeigt er damit auch gleichzeitig seine Bereitschaft, zu diskutieren. Nur eben mit dem Zugriff auf das Wissen und seine Sicht auf die Dinge.

Steht dein Gegenüber aber auf dem linken Bein, geht er in die Bereitschaft, sich zu öffnen. Gefühle bekommen hier die Oberhand und sein Bein signalisiert, dass er bereit ist, sich fallen zu lassen, denn er fühlt sich vertraut und geborgen bei dir.

Steht jemand auf beiden Beinen, so zeigt er sich noch unschlüssig darüber, was er jetzt gerade von dieser Situation halten soll.

Er hat sich noch nicht entschieden, welchen Zustand er jetzt einnehmen darf oder kann.

Männer dagegen nutzen das beidbeinige und gleichmäßige Stehen sehr gerne auch dazu, sich größer und stärker wirken zu lassen.

Dazu strecken sie dann noch ihre Brust raus und ziehen ihre Schultern zurück. Was einen typischen Mann einfach präsenter wirken lässt. Ähnlich dem Gorilla, welcher sich um sich zu präsentieren groß, gerade und voll aufrichtet.

Eigentlich fehlen dann nur noch die Fäuste, mit denen er sich auf die Brust trommelt.

Eine Körpersprache mit sehr eindeutigen Gebärden hinterlässt bei uns Frauen auch definitiv ganz klare Eindrücke, wenngleich nur in unserem Unterbewusstsein. Sofort übersetzen wir diese Signale mit unserem weiblichen Bedürfnis nach Geborgenheit und Sicherheit.

Wir bekommen suggeriert, dass wir hier ganz Frau sein können. Genau danach sehnen sich unsere Urinstinkte auch. Nach einer Sicherheit und der Geborgenheit, sprichwörtlich nach der starken Schulter, an der wir uns anlehnen dürfen.

Woran erkennen wir, ob ein Mann wirklich ein ernsthaftes Interesse an uns hat?

Wenn ein Mann etwas entdeckt oder findet, was ihm gefällt, zieht er für Bruchteile von Sekunden die Augenbrauen nach oben. Er weitet seinen Blick ganz instinktiv, um sich ein besseres Bild von diesem Jemand oder Etwas machen zu können.

D.h., dass bei eurem allerersten Kennenlernen darauf zu achten ist, wie sich der Blick des Mannes für kurze Zeit verändert. Diese Erweiterung seines Blickes wird er gegebenenfalls immer mal wieder wiederholen, während ihr zusammen seid.

Das wäre schon mal ein eindeutiges Signal, dass du ihm gefällst und er dich sehr spannend findet.

Ein Mann, der kein Interesse an seinem Gegenüber hat, wird sich unbewusst immer mal wieder umschauen.

Seine Aufmerksamkeit gilt nicht alleine dir, sondern leider auch dem gesamten Drumherum.

Seine Intuition befiehlt ihm, sich weiter umzuschauen. Denn noch hat er nicht ganz das gefunden, nach dem er gesucht hat.

Hier wäre es empfehlenswert, sein Verhalten einfach zu spiegeln.

Zeige auch du dich als suchend. Schaue dich immer mal wieder abgelenkt von ihm ebenfalls um.

Versuche auf keinen Fall, ihn direkt darauf anzusprechen und spiele auch nicht die Beleidigte. Sonst wird er vermutlich den Abend sehr schnell beenden wollen. Sein Unterbewusstsein würde dich jetzt in die Schaublade "kompliziert" einordnen.

Wenn man aber anfängt, seinen Gegenüber zu spiegeln (natürlich sehr unauffällig), dann besetzt man indirekt die Position des anderen. Selbst wenn der andere das nicht sofort bemerkt und mitbekommt, so wird er es dennoch fühlen.

Irgendetwas wird ihm daran missfallen und er wird sein Verhalten dann ganz automatisch verändern wollen, ohne genau zu wissen, warum.

Das kannst du überall und bei jedem einfach mal für dich ganz spielerisch testen.

Sitzt dir jemand mit verschränkten Armen gegenüber, so verschränkst auch du deine Arme jetzt. Und siehe da, er wird die Position seiner Arme verändern wollen, ohne dass du etwas sagen musstest.

Das Kopieren deines Gegenübers ist die einfachste und unkomplizierteste Art und Weise, ihn zu Veränderungen zu animieren.

Ein weiteres, sehr klares Indiz, ob ein Mann sich für dich interessiert oder nicht, ist die Sprache seines Oberkörpers.

Die Haltung seines Oberkörpers sagt auch aus, ob er sich mit dir wohl fühlt oder eher nicht.

Im Oberkörper eines jeden Menschen befinden sich unsere lebenswichtigen Organe. Unter anderem das Herz. Unser Herz ist unser Gefühlsverstärker. Man spricht auch immer wieder davon, dass uns bei ganz bestimmten Menschen oder Ereignissen das Herz buchstäblich aufgeht.

So ist der Aufgang unseres Herzens und das Ausrichten unseres Oberkörpers eng miteinander verknüpft.

Ein zu uns vollkommen ausgerichteter Oberköper lässt die Herzöffnung zu.

Ein Oberköper, welcher sich von uns abwendet, verschließt sich der Herzöffnung unbewusst.

Steht oder sitzt dir ein Mann mit verschränktem Oberköper gegenüber, ist sein Interesse an dir eher gering.

Wohingegen ein Mann, der dir mit offenem und vollkommen zugeneigten Oberköper gegenüber ist, sein Vertrauen und seine Bereitschaft dir gegenüber mehr als nur offensichtlich zeigt.

Er ist bereit dazu, mehr von dir zu erfahren, zu wollen und evtl. auch für eine gemeinsame Zukunft mit dir.

Sehr leicht kannst du die eindeutige Sprache des Oberkörpers eines Mannes beim Fußball studieren.

Der Spieler, welcher das Tor verfehlt hat und das vielleicht bei einer einmaligen Chance, macht sich klein, wirft sich auf den Boden und beginnt, sich zu kugeln. Mit seinen Händen verdeckt er sogar sein Gesicht. Die Schultern fallen nach vorne gerade so, als wollte er sich verstecken oder in Luft auflösen.

Während der Spieler, welcher ein Tor geschossen hat, die Arme weit von sich streckt und sogar nach oben reißt. Er präsentiert sich in seiner ganzen Männlichkeit bzw. mit seinem ganzen Körper. Sein Bestreben ist es, sich noch größer und stärker erscheinen zu lassen (wieder ganz ähnlich dem Gorilla). Es ist eine eindeutige Siegerposition, die er jetzt instinktiv einnimmt und verkörpert. Nichts und niemand kann ihm jetzt etwas anhaben, denn er hat erreicht, was er wollte, den Sieg!

Ganz genau so verhält er sich bei einem Treffen mit dir. Sein dir zugeneigter Oberköper will die Position des Siegers schon jetzt symbolisieren.

Das, was ihm da gegenübersitzt, will er jetzt mit keinem anderen Teilen müssen. Seine ganze Aufmerksamkeit gehört dem spannenden Objekt gegenüber.

Diese Körpersignale bleiben auch seinen Mitstreitern nicht unerschlossen. Auch ihre Urinstinkte nehmen die Markierung seines Besitzes ganz deutlich wahr. Kein anderer würde sich jetzt getrauen sich in diese Zweisamkeit einzumischen und zu stören. Eine ganz klare Sprache für die Zusammengehörigkeit.

Meistens brauchen Männer etwas mehr Zeit dafür, um sich über ihre unbewusste Haltung ihrer Körpersprache zu formatieren.

Deshalb sollten wir Frauen etwas geduldiger im Hinblick unserer Beurteilung dieser Signale sein.

Längst ist nicht immer alles, wie es anfänglich zu sein scheint.
Seine Signale können sich mehrmals verändern.
Von eindeutig zu zweideutig zu mehrdeutig.
Dieses kann sehr abhängig vom Gesprächsthema sein.

Ein Mann verliebt sich meist zuallererst in das Äußere der Frau. Hier sind Männer um einiges oberflächlicher als wir Frauen. Doch auch die Männer suchen in Wahrheit nach einer tiefsinnigen und tiefgründigen Partnerin.
So kann es also sein, dass die Optik nicht immer gleich und sofort seinem Geschmack entspricht. Möglicherweise zeigt er sich dann nicht gleich so interessiert an dir, wie du es dir vielleicht wünschst.
Doch auch die Männer wissen mittlerweile, dass ein Topmodel ohne Tiefgang nur eine schnelle Nummer fürs Bett sein könnte.
Langfristig siegt immer die innere Schönheit von uns Frauen. Nur dort liegt der wahre Schatz eines jeden Menschen verborgen. Und genau danach suchen auch die Männer.

Eine humorvolle und selbstbewusste Frau kann langfristig jedes oberflächliche Topmodel ausstechen.
Gerade für die sehr attraktiven Frauen ist es oft mehr als unverständlich und nicht nachzuvollziehen, wie sich der Mann nur für eine übergewichtige und weitaus weniger attraktive Frau entscheiden konnte.
Sie, die doch das Idealbild einer perfekten Frau nach außen hin verkörpert und dazu noch die super sexy Klamotten trägt, unterliegt einer Durchschnittsfrau. Wie ist sowas nur möglich?

Jedem Mann ist sich der Konkurrenz anderer Männer sehr bewusst. Eine Frau, deren Schönheit und Besonderheit auch jedem anderen Mann gleich deutlich auffällt, wird er niemals nur für sich alleine haben können (so jedenfalls ist die Meinung seines Unterbewusstseins). Da er aber danach strebt, die Frau fürs Leben zu finden, wird er sich für eine entscheiden wollen, welche nur für ihn bestimmt ist.
So kann er seiner stetigen Sorge, seinen dauernden Ängsten und Befürchtungen, dass ein anderer Mann ihm seine Frau wegnimmt, entkommen.

Eigentlich eine völlig simple Denkweise und dennoch irgendwie nachvollziehbar. Berücksichtigt man dabei, dass das einzige Bemühen eines Mannes das ist, ein ganzer Mann sein zu wollen.

Die meisten Männer schauen auch gerne mal einen Pornofilm an. Doch wenn man ihn fragt, dann würde er sich die Frau aus dem Film höchst selten als seine Lebenspartnerin an seiner Seite wünschen wollen.

Es braucht schon ein unglaubliches Spagat-Denken, sich die Frau aus dem Pornofilm als die Mutter seiner Kinder vorstellen zu können.

Das liegt am Trennungsdenken eines Mannes.

Seine sexuellen Fantasien lebt er sehr gerne mit einer willigen und freizügigen Frau aus. Aber die Frau an seiner Seite soll bitte nicht die Vorlage für andere Männer und ihre Fantasien sein.

Es ist **seine** und nicht irgendeine Frau.

Deshalb kann eine ablehnende Körpersprache der Frau gegenüber auch hin und wieder mit ihrem Auftreten gekoppelt sein.

Sicher wird er sie spannend und natürlich auch aufregend finden, aber eben leider nur für das Eine!!!

Interessante Themen gepaart mit ganz viel Humor sind der wahre Türöffner zum Herz eines Mannes...

Wenn Männer die Beziehung beenden:

"In der Liebe sich entzwein – die Liebe heißt´s erneuern!"

Terenz

Sollte eine Mann sich von dir trennen, dann kann es dafür mehrere Gründe geben.

Der verständlichste aller Gründe wäre, dass er keine Gefühle mehr für dich hat.

Ja, das kann vorkommen! Auch wenn es sehr schmerzhaft für dich sein wird, so ist das einer der Gründe, an denen man absolut nichts ändern kann.

Hier heißt es dann tatsächlich, von ihm loszulassen und sich neu zu orientieren.

Sollte sich ein Mann aber von dir trennen aus den hier aufgeführten und beschriebenen Gründen dieses Buches, dann wird er das ganz sicher nur aus reiner Verzweiflung machen.

Nicht weil er dich nicht mehr liebt. Einzig nur deshalb, weil er sich selbst etwas mehr liebt, als dich (was wir im Übrigen alle tun sollten).

Entweder warst du zu mütterlich und fürsorglich zu ihm oder du hast ihn auf irgendeine andere Art und Weise entmannt.

(siehe wie Männer ticken und die 5 Fehler beim Kennenlernen).

Seine einzige Chance, sich jetzt wieder in sein männliches Gefühl für ihn zurückzuholen, ist, sich von dir zu trennen.

Ob er den Mut hat, das zu kommunizieren und dir so auch mitzuteilen, bezweifle ich sehr stark.

Denn in der Regel weiß der Mann selbst nicht, was mit ihm los ist. Und da kein Mann die Fähigkeit großer Worte und Erklärungen besitzt, wird er sich vermutlich mehr und mehr rar machen. Seine Antworten auf deine Anrufe oder Nachrichten werden immer zurückhaltender werden. Eure Verabredungen werden immer seltener werden und er wird tausend Ausreden haben, warum er keine Zeit für dich hat.

Eines Tages dann werden alle deine Versuche, mit ihm Kontakt zu bekommen, ins Leere laufen.

Zurück bleiben dein Unverständnis und deine Verwirrung über seinen Rückzug.

Hast du doch immer nur das Beste für ihn gewollt und ihm alles gegeben, was er wollte. Du warst doch stets die perfekte Partnerin (aus deiner Sicht) für ihn. Immer hattest du ein offenes Ohr für ihn. An deiner Schulter konnte er sich immer anlehnen und aussprechen.

Dieser plötzliche Wandel und sein Undank für dich, lassen dich in einen tiefen Kummer fallen.

Verständlicherweise!!!

Schließlich war dir ja nicht bewusst, dass du ihn mit deiner Liebe und Fürsorge zunehmend mehr unter Druck gesetzt und somit entmannt hast.

Keine Frau macht das mit Absicht.

Ich bin mir ganz sicher, wenn wir wüssten, was der Grund dafür war, wären wir auch sofort bereit, das zu ändern.

Sicher bräuchten wir dafür auch unsere Zeit aber auch wir sehnen uns im tiefsten Inneren danach, wieder ganz Frau sein zu dürfen.

Natürlich genießen wir es auch sehr, gebraucht zu werden. Aber andersherum genießen wir es doch auch sehr, die Geschenke der Liebe einfach anzunehmen und uns darüber zu freuen.

Nehmen wir also an, dass jetzt genau das passiert ist bei dir. Er hat sich aus unerklärlichen Gründen von dir distanziert und meldet sich nicht mehr (das kommt ganz besonders in der Kennenlernzeit sehr häufig vor).

Oder er hat sich wortwörtlich von dir getrennt und dir unter Umständen sogar gesagt, dass er einfach kein Beziehungstyp ist. Dass es nicht an dir liegt. Aber dass mit ihm irgendetwas nicht stimmt und er Zeit braucht, das für sich zu klären.

Vielleicht ging er sogar so weit, dass er es dir ganz direkt gesagt hat, dass ihr nicht zusammenpassen würdet und er keinen Sinn mehr in eurer Beziehung oder einer Fortsetzung mit dir sieht.

Wie auch immer, er hat es beendet und du gehst davon aus, dass es auch für immer so sein wird.

Männer sind aber auch in diesem Punkt ganz anders als wir Frauen.

In Wahrheit war es die nackte Verzweiflung und der Kampf um seine Männlichkeit, die ihn so weit getrieben haben.

Es gibt einen Unterschied in seinem Verhalten nach der Trennung, woran du erkennen kannst, warum er sich von dir verabschiedet hat.

Hat er es tatsächlich aus den Gründen seiner Gefühle für dich gemacht, wird er sich weiterhin sehr normal und gleichmäßig verhalten.

Nichts in seinem Verhalten deutet darauf hin, dass er leidet oder ganz plötzlich verändert ist.

Dann kannst du davon ausgehen, dass dieser Mann tatsächlich nicht mehr zurückkommt. In diesem Falle wird es ein endgültiges Aus für euch sein.

Sollte sein Verhalten sich nach eurer Trennung ganz plötzlich sehr auffällig verändern, kannst du ganz sicher sein, dass dieser Mann leidet.

Ein leidender Mann, welcher sich aus den Gründen der Entmanntheit getrennt hat, wird ganz plötzlich sehr extrovertiert sein.

Keine Party wird ihm entgehen. Sämtliche Möglichkeiten werden genutzt, um sich nach außen hin unendlich glücklich und befreit zu zeigen.

Sei ganz sicher, dass er für sein Schauspiel auch andere Frauen dazu benutzen wird, seine Rolle als der wahre Mann perfekt zu machen.

Nicht weil er sich neu verliebt hat, kommt eine andere Frau ins Spiel. Nein, er will sich und anderen (natürlich in allererster Linie dir) seine Männlichkeit beweisen.

Die Welt und alle Möglichkeiten, seine Männlichkeit zu präsentieren, werden seine neue Bühne sein.

In der Hoffnung, dass du der Zuschauer sein wirst.

Ganz alleine dir gilt sein Schauspiel. Deshalb wird er keine Gelegenheit auslassen, dich da in irgendeiner Form miteinzubeziehen.

Freunde sollen dir von seinem neuen Ich berichten.

Bilder werden überall gepostet und veröffentlicht.

Ganz egal, was er auch tut, er wird dafür sorgen, dass du das mitbekommst.

Da sind Männer in ihren Handlungen und in ihrem Denken leider nur etwas naiv.

Durch sein neues Ich möchte er dich eigentlich zu eifersüchtigen Handlungen nötigen.

Er wünscht sich nichts mehr, als dass du ihn jetzt mit dementsprechenden Reaktionen überfällst und ihm deine Eifersucht zeigst.

Seine Liebe und seine tiefen Gefühle zu dir hatten nie vor, sich von dir zu trennen und dennoch hat ihn eine fremdbestimmte Macht dazu veranlasst, es zu tun.

Der einzige Weg, dich wieder zurückzubekommen, ist der Weg, dich eifersüchtig zu machen.

Nur so kann wieder ein Kontakt, ohne dass seine Männlichkeit darunter leidet, zu dir entstehen.

Er wünscht sich von dir Liebesbeweise in Form deiner Eifersucht. Auf keinen Fall will er, dass du ihn vergisst oder gar einen neuen Partner hast. So wird er dich mit seiner Schauspielerei so gut er kann beschäftigen.

Da wir Frauen sein Verhalten aber alles andere als anziehend und prickelnd finden, liegt er mit seiner Vorgehensweise leider vollkommen falsch.

Es schreckt uns meistens eher ab, als dass wir wie gewünscht von ihm darauf auch reagieren.

Wir fühlen uns verletzt und gedemütigt von ihm.

Wir Frauen ziehen uns in solchen Fällen meistens eher in unser Schneckenhaus zurück.

Was auch die einzig wahre Reaktion darauf ist, um ihn zu einer Rückkehr zu bewegen.

Wenn wir ihn wirklich lieben und ihn wiederhaben wollen, so sollten wir uns in der Zeit seiner Schauspielerei auch tatsächlich sehr zurückhaltend verhalten. Wir sollten uns entspannen und alles tun, was uns und unserer Seele Spaß macht und wir lieben.

Werden wir uns in der Zeit der Unterbrechung unseres eigenen Wertes bewusst und lernen wir, uns so zu lieben, wie wir sind. Damit wir ihm seine "Fauxpas" (= Missgeschicke) dann auch verzeihen können.

Das ist sehr wichtig. Denn wenn wir dann gleich wieder mit Misstrauen und Enge in die zweite Chance der Beziehung einsteigen, so wird das Spiel einfach wieder von vorne beginnen und sich natürlich wiederholen.

Die Veränderung von uns selbst und das Erlernen der Selbstliebe werden eine Wiederholung des Schreckens verhindern. Das Gelingen wird diesmal die Belohnung für unsere eigene Veränderung sein.

Darüber hinaus werden wir uns diesmal auch noch viel selbstsicherer und selbstbewusster fühlen. Was sich immer und absolut immer sehr positiv auf einen Neuanfang aber auch auf die Beziehung generell auswirkt.

Eine Frau, die weiß, was sie will und dennoch von ihrem Wesen her eine weibliche Anziehung besitzt, ist das größte Geschenk für die Männer.

Manche Frauen lassen sich von seinem Schauspiel aber tatsächlich so sehr reizen, dass sie voll und ganz darauf einsteigen. Indem sie den Mann ebenfalls eifersüchtig machen wollen.

Zum einen werden sie, ganz wie vom Partner erhofft, mit ihren Eifersuchtsszenen aufwarten und zum anderen tun sie es ihm dann gleich.

Puh, dieser Schuss, das garantiere ich euch, meine Damen, wird zu 100% nach hinten losgehen.

Auf dieses Spiel wird der Mann sich niemals einlassen.

Selbst wenn er sich so verhält, so gibt es immer noch Unterschiede zwischen einem Mann und einer Frau für ihn.

Er wusste in seinem tiefsten Inneren, dass er in Wahrheit keine andere wollte. Er wusste, dass er hier nur etwas spielt.

Doch wenn eine Frau es dem Mann gleichtut, ist das Spiel damit beendet.

Es ist mit einer der größten Vertrauensbrüche, die eine Frau einem Mann antun kann.

Selbst wenn die Frau dann versuchen wird, die Situation zu erklären, wird es dann zu spät sein.

In seinem Kopf ist mittlerweile das Bild von dir und einem anderen Mann verankert.

Jedes Mal, wenn er dich dann anschaut, wird es da sein und ihn erneut an seine Entmannung erinnern.

Immer wieder aufs Neue wird ihm dann bewusst, dass er nicht der einzige ist in deinem Leben.

Fatal und bedauerlich ist das schon.
Beide tun im Prinzip das Gleiche doch der Mann ist für immer in seinem Urinstinkt verletzt und für immer entmannt worden.
Während die Frau sich aber bei einer Rückkehr eher als die Siegerin fühlen wird.
Die gleiche Handlung mit zwei völlig verschiedenen Ergebnissen in den Gefühlen.

Während wir Frauen uns eher geschmeichelt fühlen werden, wenn er von seinen Strategien, wie er uns wieder zurückbekommen kann, erzählt, wird der Mann dagegen das Bild nie wieder loswerden und sich auch nur annährend verzeihlich zeigen können.

Deshalb möchte ich dich hier lieber von seinen komischen Gedanken und seinem merkwürdigen Verhalten nach einer (unfreiwilligen) Trennung in Kenntnis setzen.
Es ist dann einzig und alleine deine Entscheidung, wie du dich dann verhalten möchtest!
Höre auf dein Herz und deine Gefühle. Wieviel bedeutet er dir und willst du ihn wirklich zurück?
Kannst du ihn männlich sein lassen in der Zukunft?
Wirst du es schaffen, deine selbstsichere Weiblichkeit zu leben in der Zukunft?
Kannst du ihm wieder vertrauen und auch verzeihen?

Wenn du alle diese Fragen mit JA beantworten kannst, dann steht einer zweiten Chance nichts mehr im Wege.

Und sei dir sicher, dass er wieder zurückkommen wird.
Er liebt dich!
Vollkommen egal wie lange er dafür braucht, er wird wieder kommen.
Wenn du aber nicht bis in alle Ewigkeit warten möchtest (wobei du an jedem Tag einfach leben und lieben solltest und zu keiner Sekunde deines Lebens sollte es ein Warten auf Etwas oder Irgendjemanden sein), dann setze dir ganz einfach einen Zeitrahmen, in dem er noch eine Chance bei dir bekommt.

Wird er innerhalb deines gesetzten Zeitrahmens kommen, dann bist du bereit, ihm noch eine Chance zu geben. Kommt er später zurück, ist es für dich vorbei. Dann hat er eben seine Chance nicht genutzt.

Wie viel Zeit du bereit bist, ihm zu geben, darfst du für dich alleine entscheiden.

Nur eines sollte dir ganz bewusst sein!

Hast du deine Entscheidung getroffen, dann bleibe bitte auch dabei.

Denn du hast alles Recht auf dein Glück, die Liebe und eine wunderbare Beziehung.

Und wenn es für ihn dann zu spät ist, dann ist das sein Pech und nicht deines.

Sei dir selbst treu!!!

Die perfekte Frau:

"Die Frauen sind silberne Schalen, in die wir goldene Äpfel legen"

Johann Wolfgang von Goethe

Wie ganz genau sollte denn jetzt die perfekte Frau aus der Sicht des Mannes sein?

Im Grunde genommen eigentlich fast das komplette Gegenteil eines Mannes.

Für Männer sind wir Frauen sehr geheimnisvolle und sehr schwer zu entschlüsselnde Wesen.

Das beginnt schon bei unserem Äußeren. Wir tragen oft die unbequemsten Sachen, um uns aus der breiten Masse abheben zu wollen.

Ein Mann würde niemals auf die Idee kommen, sich in irgendwelche Schuhe zu quetschen, die unbequem sind und mit denen man darüber hinaus nicht einmal gehen kann.

Männer würden keine Kleider anziehen, die ihnen zu eng und unpraktisch erscheinen.

Frisuren, Kleider, Fingernägel, Unterwäsche, Schmuck und Schuhe müssen praktisch sein und ganz einfach ihren Zweck erfüllen, sonst gar nichts.

Das bedeutet nicht, dass Männer deshalb weniger gepflegt sind, als wir Frauen. Im Gegenteil!

Immer mehr Männer legen allergrößten Wert auf ein gepflegtes Äußeres (zum Glück☺).

Damit ist lediglich gemeint, dass sie sich selbst nichts antun würden, was sie in ihrer Freiheit einschränkt.

Wobei wir jetzt beim eigentlichen Thema wären.

Die perfekte Frau gibt dem Mann das Gefühl von Geborgenheit, Anerkennung und Liebe ohne ihn dabei in seiner Freiheit auch nur im Geringsten einzuschränken.

Ja, seine Freiheit (zumindest das Gefühl von Freiheit) geht dem Mann über alles.

Entscheidet er sich für die Zweisamkeit und eine Beziehung, dann immer nur aus freiwilligen Stücken.

Männern sagt man nach, dass sie sehr schlecht alleine sein können. Dass sie manchmal sogar Partnerschaften leben, ohne die Partnerin wirklich zu lieben. Nur um nicht allein sein zu müssen.
Und das stimmt definitiv auch.

Wie passt das jetzt aber mit dem Wunsch nach Freiheit zusammen?
Ganz einfach: Nach Freiheit kann und wird man sich nur dann sehnen, wenn es Bereiche im Leben gibt, die einen einschränken.
So widersprüchlich und schizophren sich das Ganze jetzt anhören mag, so nachvollziehbar ist es, wenn man weiß, was damit gemeint ist.

Z.B.
Ein alleinstehender Mann kann sich wohl kaum nach Freiheit sehnen, wenn es da überhaupt niemanden gibt, den es interessiert, was er wann mit wem macht. Erst durch eine andere Person kann eine Sehnsucht nach Freiheit in ihm aufkommen.
Die Sehnsucht nach der Freiheit ist aber eine ganz typisch männliche Sehnsucht.
Wenn ein Mann aber Single ist, wem kann, wird und soll er denn seine typisch männliche Sehnsucht vorleben?
Es ist doch keiner da, den es interessiert, wie männlich er ist und welche Sehnsüchte ihn umtreiben.
Genau deshalb entschließen sich einige Männer für Beziehungen ohne die geringste Liebe.
Alleine ihnen zuliebe. Nur um sich so männlicher fühlen zu können.

Die perfekte Frau wäre somit die Frau, die ihren Mann wie ihre Katze behandelt.
Die Katze ist nämlich ein sehr eigensinniger Zeitgenosse.
Sie geht, wann sie will. Sie bleit solange weg, wie sie es möchte und zum Fressen und Schmusen kommt sie auch nur dann, wenn es ihr passt.

Wenn die Katze dann nach Hause kommt, freuen wir uns sehr darüber. Wir stellen ihr keine lästigen Fragen oder sind beleidigt mit ihr, was ja auch wenig Sinn machen würde.

Kommt sie dann zu uns zum Schmusen, freuen wir uns erneut darüber und schenken ihr ohne Wenn und Aber unsere bedingungslose Fürsorge und Liebe.

Genau so hätten die Männer es am liebsten von ihren Partnerinnen.

Sie können gehen, wann und wohin sie wollen. Sie brauchen keinem zu sagen, wann sie wieder zurückkommen. Sie bekommen keine überflüssigen Fragen gestellt, mit wem sie unterwegs waren und werden dennoch mit einer überschwänglichen Freude und Liebe bei ihrer Heimkehr empfangen.

(Ok, hier könnte man jetzt sagen: „Wovon träumt der Gute nachts?")

Ja, das wäre für jeden Mann eine wahre Traumvorstellung von einer wahren Traumbeziehung.

Bedingt können wir das natürlich verstehen und eigentlich liegen die Männer mit ihrer Vorstellung und ihrem Wunsch nach Freiheit gar nicht so falsch. Wenn auch mit einigen kleinen Einschränkungen.

Es dürfte für beide Partner klar sein, dass wenn sie sich für eine Beziehung miteinander entschließen, dann auch Kompromisse gemacht werden müssen. Eine gewisse Bereitschaft zur Veränderung darf schon erwartet und verlangt werden vom Partner.

Und wie in allen Dingen des Lebens ist es immer das Maß, das gehalten werden muss.

Auf beiden Seiten sollte weder das Leben in völliger Unabhängigkeit, noch das Leben in Angst und in der Gefangenschaft, sprich sich aneinander zu ketten, übertrieben werden.

Das Mittelmaß aller Bedürfnisse muss gefunden werden.

Deshalb sind unsere weiblichen Prinzipien auch so wichtig für den Mann. Nur so kann er sich daran orientieren, was geht und was nicht.

Selten haben der Mann und die Frau die gleiche Vorstellung von einer Beziehung.

Männer sind da eher etwas praktisch und rationaler eingestellt als Frauen.

Ein ständiges aufeinandersitzen wird den Mann eher in die Sehnsucht nach seiner Freiheit führen.

Sanft und ganz sachte wird er beginnen, sich seine Freiräume einzurichten. Sei es mit einem Hobby oder einer ehrenamtlichen Verpflichtung. Er wird etwas finden, das ihm das Gefühl seiner Männlichkeit bestätigt.

Wir Frauen dagegen können oft gar nicht genug von anderen haben. Wir wollen ihn sehen, jeden Tag. Wir wollen ihn spüren, jeden Tag. Wir wollen ihn verführen, jede Nacht. Wir wollen ihn besitzen für den Rest unseres Lebens.

Das zeigen wir ihm nicht nur, nein, wir sagen es ihm auch noch so oft wir die Gelegenheit dazu bekommen.

Doch die Vorstellung einer perfekten Frau sieht für den Mann nun eben einmal ganz anders aus.

Gehen wir einmal zurück zum Kennenlernen und der Anfangsphase einer Beziehung.

Da wir ja mittlerweile wissen, dass der Mann verschiedenen urinstinktiven Testphasen unterstellt ist, hat er natürlich auch das Gegenwissen, wie eine perfekte Frau zu sein hat, in seinen Urinstinkten verankert.

Wir Frauen sollen uns leicht und unkompliziert für den Mann anfühlen. Er möchte den Eindruck haben, dass er uns (das Wildpferd) zähmen kann und genau weiß, was uns Freude macht und was nicht.

Auf der anderen Seite sollen wir schön und geheimnisvoll zugleich sein. Aber dann doch wieder nicht so schön, um in ständigem Konkurrenzkampf mit anderen Männern zu leben. Aber schön genug, um stolz auf uns sein zu können.

Wir sollen über eine ausgeprägte Empathie für andere Verfügen, aber nicht so ausgeprägt, um zu einer „Mutter Theresa" zu mutieren.

Dann sollen wir einen großen Sinn für Humor besitzen und am allerbesten wäre es, wir würden uns ganz besonders über seine Witze am allermeisten freuen.

Nach außen hin sollen wir die Natürlichkeit selbst in Person sein, sowohl bei der Wahl unserer Kleider, als auch beim Schminken. Hingegen im Bett dürfen wir dann durchaus mal zu einer kleinen „Hure" werden. Schmutzig und sinnlich zugleich.

Wir sollen für ihn dann da sein, wenn er uns braucht. Schließlich rettet er Tag für Tag immer wieder aufs Neue die Welt für uns. Da wäre ein gewisses Maß an Verständnis, Aufmerksamkeit und Fürsorge für ihn ja nicht zu viel verlangt.

Auf der anderen Seite möchte er von uns aber auf Grund seines Jagdinstinktes auf keinen Fall ein zu großes Entgegenkommen. Sonst werden wir ihm nämlich ganz schnell langweilig und er könnte sich ein neues Spielzeug suchen.

Darüber hinaus sollen wir auch bitte noch das kleine verspielte Mädchen in der Frau widerspiegeln. Hilflos, klein, zart und zerbrechlich würden wir ohne die starke Schulter eines Mannes nicht überleben können.

Zeitgleich sollen wir aber auch ganz genau wissen, was wir lieben und unbedingt wollen und was nicht.

Alle diese Eigenschaften auf einmal, in unberechenbarer und abwechselnder Reihenfolge oder manchmal auch alle gleichzeitig machen uns für einen Mann so ungeheuer reizvoll und unwiderstehlich.

Ganz wichtig ist es natürlich, dass wir immer gut riechen. Denn ein Mann orientiert sich ganz viel an seinem Geruchssinn.

So mancher Frauenduft ist so verführerisch und auffordernd für den Mann, dass er sich schon deshalb sehr leicht selbst vergessen kann.

Nach genau so einer Frau hat er sein ganzes Leben lang gesucht. Mit dieser Frau wird das Leben zu einem einzigen Abenteuer werden. Die muss er einfach haben, koste es, was es wolle.

Ok, das ist in der Tat jetzt mal eine ganze Menge, was die perfekte Frau ausmacht. Ich habe das Ganze hier mal mit einem gewissen Sarkasmus aufgezählt.

Denn bei aller Liebe wird sich das ein oder andere niemals so umsetzen lassen, wie die Männer das sehr gerne hätten.

Auf der anderen Seite aber ließe sich wieder einiges sehr leicht und einfach umsetzen. Nur haben wir im Laufe der Evolution das ein oder andere ganz einfach vergessen zu leben. Viel zu oft verkörpern und leben wir den Mann, die Mutter, die Freundin, den Clochard, das Kind uvm., anstatt unsere wahre Bestimmung – Frau – zu leben.

Wenn du mal ganz tief in dich hineinfühlst, wirst du unter Umständen die eine oder andere aufgezählte Eigenschaft in dir tatsächlich wiederfinden.
Sind wir das nicht auch tatsächlich?
Steckt nicht in jeder Frau das kleine Mädchen, das sich nach Liebe, Geborgenheit und Sicherheit sehnt?
Doch, wir Frauen wünschen uns insgeheim doch unseren Beschützer an unsere Seite.
Selbstverständlich sind wir auch tough und stark genug, unser Leben alleine zu meistern. Deshalb wissen wir auch ganz genau, was wir wollen und was nicht.
Natürlich sind wir in der Tiefe unseres Herzens auch sehr leidenschaftlich und sinnlich-erotisch. So steckt doch in jeder Frau auch eine kleine (schmutzige)Verführerin.
Nach außen wünschen wir uns aber, als geheimnisvolle Schönheit wahrgenommen zu werden. Anziehend, raumfüllend und dennoch unnahbar.
Der Wunsch danach, von einem Mann erobert zu werden, ist mindestens genau so sehr unserer, wie es der Wunsch des Mannes ist, erobern zu können.
In Wahrheit sind wir doch tatsächlich die lieblichen Prinzessinnen, welche aber auch ganz grundlos einfach mal zickig und verstimmt sein dürfen, ohne weitere Erklärungen dafür.
Selbstverständlich lieben wir es, wenn uns ein Mann zum Lachen bringt und glücklich macht.
Ja, wir wünschen uns, dass der Mann unsere Taschen trägt, dass er uns nach Hause begleitet, dass er uns die Tür aufhält, dass er im Restaurant für uns bezahlt, dass er uns Komplimente macht und uns Blumen mitbringt.
Wir möchten uns dann auch sehr gerne um ihn kümmern, ihm zuhören und ihn für seine unablässige Aufopferung tagein und tagaus bewundern.

Ja, meine Damen, in Wahrheit sind wir ganz genau das, was ein Mann unter einer perfekten Traumfrau versteht.

Alle diese Charaktereigenschaften liegen tatsächlich in unserem Urinstinkt verankert.

Dafür müssen wir uns nicht verbiegen oder verstellen.

Dafür müssen wir einzig und alleine wir selbst sein.

Ein Verbiegen und Verstellen würde der Mann ohnehin sofort spüren.

Versuchen wir auch nur annähernd, etwas zu sein, was wir in Wahrheit überhaupt nicht sind, dann schaden wir in allererster Linie uns selbst damit.

Das ist der Grund, warum so viele Männer heutzutage sehr irritiert von uns Frauen sind.

Denn wenn alle diese Eigenschaften tatsächlich uns Frauen ausmachen, dann leben doch leider sehr viele Frauen sehr abweichend von ihren Eigenschaften.

Die Rolle eines Clochards oder eines Mannes zu leben, ist wirklich höchst irritierend für einen Mann.

Selbst die Kumpel-Rolle steht uns Frauen nicht besonders und wirkt eher gespielt als natürlich.

Ich bitte hier ganz bestimmt niemanden darum, nicht er selbst zu sein.

Alles, was sich mir wünsche, ist, dass wir Frauen wieder in die Rolle unseres Ursprunges schlüpfen.

Sich an alle diese weiblichen Eigenschaften wieder zu erinnern und sich auch darüber bewusst zu werden, dass wir Frauen sind.

Uns einfach auch wieder zu erlauben, unsere Weiblichkeit und Einzigartigkeit auszuleben.

Damit auch der Mann seine Rolle wieder leben kann!

Wie sieht die Rolle der „Frau von heute" in der Praxis aus?

"Die Männer glauben, sie seien geboren, um glücklich zu sein und die Frauen glauben, sie seien geboren, um glücklich zu machen"

Moritz Gottlieb Saphir

Leider entspricht das Zitat immer zunehmender der Realität von heute.

In Wirklichkeit ist es laut unserer Urinstinkte umgekehrt. Doch die Beobachtungen in der heutigen Zeit zeigen eine höchst bedenkliche Wandlung in unseren Mann- und Frau-Rollen.

Wann das passiert ist, lässt sich heute nur sehr schwer zurückverfolgen.

Warum das passiert ist dagegen schon eher.

Einst war die Zeit, in der der Mensch das Bedürfnis nach seiner Freiheit und Unbekümmertheit mehr denn je hatte.

Ganz besonders nach den Kriegszeiten hatte man damit begonnen, für die freie Liebe zu propagieren.

Nichts und niemand sollte uns jemals wieder beherrschen oder gefangennehmen können auf dieser Welt.

Nicht einmal die Liebe zu einem anderen Menschen.

So kam die Zeit der freien Liebe. Freiheit für alles und jeden war gewünscht und sogar gefordert worden.

Die Ehe wurde zu einer Institution, an die man sich nicht mehr unbedingt halten musste.

War das Zusammenleben zweier Menschen unterschiedlichen Geschlechts einst eine Sünde, so wollte man sich durch Protestaktionen jetzt davon für immer freisprechen.

Die Monogamie wurde durch die Polygamie ersetzt.

Es begann eine sehr exzessive und provokante Zeit für die Liebe.

Dann irgendwann musst man einsehen (fühlen), dass diese Art, die Liebe zu leben, nicht gerade das „Gelbe vom Ei" zu sein schien.

Die Frauen wurden reihum schwanger. Die Menschen im Allgemeinen bekamen durch ungeschützten Geschlechtsverkehr untereinander und querbeet miteinander plötzlich vermehrt Krankheiten.

Schwangerschaftsabbrüche waren schon fast an der Tagesordnung.

So bemerkte man auch im Hinblick auf berufliche zukünftige Karrieren die Benachteiligung der Frau.

Sind es doch überwiegend die Frauen gewesen, die die Leidtragenden der freigelebten Liebe waren.

Die nächste Veränderung stand an.

Man nannte diese neue Zeit die Zeit der Emanzipation. Frauen sollten ab jetzt in allen Punkten des Lebens gleichberechtigt sein.

Das Wahlrecht für die Frau wurde eingeführt. Das Abtreibungsrecht wurde unter großem Protest der Kirche genehmigt.

Die Verhütung wurde mittels der Pille zu einem Kinderspiel.

Berufliche Aufstiegschancen für Mann und Frau sollten in gleichem Maße gegeben sein.

Sicher sind alle diese Veränderungen und Fortschritte geradezu revolutionär gewesen und eröffneten uns Frauen völlig neue Perspektiven und Chancen für unsere Entwicklung.

Ich möchte hier nochmals ganz speziell betonen, dass ich kein Gegner der Emanzipation bin. Ganz im Gegenteil! Ich spreche allen Frauen, die sehr hart und zum Teil unter dem Einsatz ihres Lebens für die Frauenrechte gekämpft haben, meinen allergrößten Respekt aus.

Dennoch möchte ich mir die Frage gestatten, ob eine Gleichberechtigung in puncto Liebe tatsächlich überhaupt möglich ist?

Kann es wirklich sein, dass wir alle unsere angeborenen Urinstinkte, welche uns von Generation zu Generation weitergegeben wurden, wirklich einfach auf diese Art auch ebenfalls emanzipieren können, wie das Wahlrecht?

Ich behaupte ganz klar NEIN!!!

Die chaotischen Verhältnisse und die ständige Zunahme von Scheidungen und von Singlebörsen scheinen meinen Standpunkt mehr als deutlich zu machen.

Man könnte es auch als eine Art Beweis sehen, dass die Emanzipation nicht in allen Bereichen das Beste für uns bedeutet hat.

Beginnen wir einmal damit, es aus der Sicht des Mannes zu betrachten.
Gab es früher für ihn ganz feste Regeln, wie er um die Dame seines Herzens werben musste, so verloren hingegen fühlt er sich wahrscheinlich in der heutigen Zeit.
Er wusste, welche Signale bei einer Frau zu beachten sind. Er wusste auch, dass er die Versorgerrolle komplett alleine für sich trug.

Heute sind Frauen mehr als nur sehr selbständig und können ihr Leben/Überleben im Grunde genommen doch ganz für sich alleine stemmen.
Ob es die berufliche Karriere ist oder das Erziehen der Kinder alleine zu übernehmen, fast überall sind Männer, könnte man sagen, überflüssig geworden. Manchmal ist das Erziehen der Kinder und das Ausleben der Karriere sogar um einiges leichter für uns Frauen geworden, als mit einem Partner an unserer Seite.
Selbst im handwerklichen Bereich oder wenn es um Anschaffungen beliebiger Art geht, Bürotätigkeiten und die Haushaltsführung, es gibt nichts, was die Frau heutzutage nicht selbst könnte. Gegebenenfalls kann sie auch einfach jemanden für bestimmte Tätigkeiten angagieren und bezahlen.
Sogar nicht einmal mehr für den Kinderwunsch ist ein fester Partner nötig. Samenbänke ermöglichen uns, nach Listen und bestimmten Auswahlkriterien den passenden Spermaspender für unseren Babywunsch auszuwählen.
Hm…was bleibt da überhaupt noch übrig für den Mann?
Wie können wir einen Mann von heute überhaupt noch von der wahren Liebe überzeugen?
Seine Urinstinkte geben ihm das Programm des Gebrauchtwerdens vor. Sie fordern ihn auf, die Frauen glücklich zu machen. Männer haben leider nicht die ausgeprägten Gefühls-Gene in sich, wie wir sie haben. Sie koppeln ihre Gefühle mit „sich nützlich fühlen müssen", um für ihre Männlichkeit geliebt zu werden.

Es ist geradezu eine verzwickte bzw. aussichtslose Situation für den Mann von heute, seine Urinstinkte leben zu können.

Jetzt kommt da eine Frau daher, die ihm sagt, sie liebt ihn um seiner selbst willen. Einfach so! Ohne den geringsten Beweis für seine Männlichkeit von ihm zu fordern.

Vielleicht sagt sie ihm auch noch, wie gut er aussieht und dass er so wie er ist einfach perfekt für sie ist.

Wow, wie verarscht wird er sich jetzt wohl fühlen?

Er musste nichts, wirklich überhaupt nichts machen für sie und sie will ihm jetzt erzählen, dass er genau so perfekt sei!!!

Aus männlicher Sicht ist dies nicht im Entferntesten nachvollziehbar oder auch nur annähernd verständlich für ihn.

Der Mann fragt sich immer und immer wieder, wie das denn sein kann, einfach nur so geliebt zu werden?

Er muss also heutzutage nichts mehr tun? Einfach nur noch sein? Hm, schön! Das Dumme daran ist, dass sein Urinstinkt ihm das aber vollkommen anders vermittelt.

Er muss doch auch noch für irgendetwas anderes gut sein, außer fürs Kuscheln, den Sex, die Zweisamkeit, endlos lange Spaziergänge am See oder viele unzählige frauentypische Gespräche über die Gefühle oder die doofe Freundin oder den doofen Chef…

Puh, ja die Männer haben es echt nicht mehr leicht mit uns emanzipierten Frauen.

Kaum noch eine Frau von heute erwartet oder verlangt oder fordert gar die Männlichkeit eines Mannes heraus.

Dennoch wollen wir alle einen echten Mann an unserer Seite haben. Wir erwarten von ihm, dass er weiß, was er will und sind dann verstimmt, wenn er sich in seine typisch männlichen Tests zurückzieht.

Dabei ist es ganz genau das, was wir in unserem tiefsten Inneren auch wollen…einen männlichen Mann!!!

Wir lassen ihm doch kaum eine Wahl, auf welche Weise er uns seine Männlichkeit beweisen kann. Ihm bleibt doch nur immer wieder der Rückzug und die Distanz zu uns, um sich wenigstens so ganz männlich zeigen zu können. Zumindest um sich selbst wieder für sich ganz männlich zu fühlen.

Und so haben sich die männlichen Männer der Emanzipation auf ihre ganz eigene Weise angepasst.

Schnell haben sie auch für sich selbst einen Weg gefunden, um der Gattung „männlicher Mann" das Überleben in dieser völlig verrückten (entrückten) Welt zu sichern.

So und nur so war und ist es ihnen möglich, auch den weiblichen Kern der Frau herauszukitzeln.

Sie gehen ganz einfach auf Abstand, ziehen sich immer mal wieder in ihre Männlichkeit, die Welt zu retten, zurück und schon kommt die Frau in ihre wahren Gefühle zu ihm.

Je männlicher er das lebt, desto anhänglicher und gefühlvoller wird die Frau.

Eigentlich eine sehr clevere Überlebensstrategie aus männlicher Sicht heraus.

Wenn da nicht schon wieder einmal die weibliche Emanzipation wäre, die auch die Frauen aus ihren Ur-Rollen und Ur-instinkten herauskatapultiert hätte:

Nun das Ganze mal aus der Sicht der Frau:

Uns Frauen ist unser emanzipiertes Dasein mehr als nur bewusst.

Wussten wir doch damals ebenso gut, wie die Männer, dass wir erobert gehören. War uns doch mehr als nur klar, welche Rolle wir bei der Eroberung einzunehmen haben und wie wir uns auch zu verhalten haben.

Wir wussten ganz genau, was, wie und wann eine Frau zu sein hat. Wie sie sich zu geben hat. Was sich für eine Frau gehört und was nicht.

Ohne dass der Mann uns mit all seiner männlichen Kunst erobert und uns ganz eindeutig beweist, dass er einfach alles für uns tun würde, gab es für ihn keine Chance, uns zu bekommen.

Wir wussten sogar ziemlich genau, was wir von ihm fordern und verlangen durften. Und wir haben auch keine Sekunde überlegt oder gezögert, dieses von ihm zu verlangen.

Nur wenn er allen unseren Forderungen nachkam, konnten wir uns auf ihn einlassen.

Erst wenn er uns ausreichend bewiesen hatte, dass er unserer würdig ist, bekam er unsere Aufmerksamkeit und Hingabe als Belohnung.

Heute ist das alles ganz anders.
Wir Frauen wollen dem Mann an einer Tour beweisen, wie toll wir sind. Wie unkompliziert und leicht ein Leben mit uns doch ausschauen kann.
Wenn es ihm nicht gut geht, beginnen wir sofort damit, ihn zu erretten, sei es mit Geld, mit Geschenken, mit besonderen Heilmetoden und was uns nicht noch alles so in den Sinn kommt.
Schließlich sind wir emanzipiert genug, um auch den Mann aus seiner misslichen Lage herauszubekommen.
Wir erlauben uns mehr denn je, ihn sofort mit unseren Gefühlen zu konfrontieren.
Wir erlauben uns sogar, den Mann auch hin und wieder als unser Sexspielzeug zu verwenden.
Was vielleicht ja auch ok wäre, wären da nicht doch unsere weiblichen Hormone und Instinkte, die sich dann doch ganz plötzlich in diesen Mann verlieben und mehr wollen, als ausgemacht.
Eigentlich wissen wir bald gar nicht mehr, was wir wollen. Wie wir es wollen und warum wir es wollen.

Das liegt daran, dass wir alle als Kinder bereits die Beziehung unserer Eltern, Großeltern und Vorfahren überhaupt miterlebt haben.
Es war eine Art Trainingslager für Beziehungen.

Solange es Menschen gab und geben wird, werden wir uns immer wieder Vorbilder oder Personen, an denen wir uns orientieren können, suchen.
Wir brauchen eine Art Anleitung für das Leben, die Liebe und die Beziehungen in allen Bereichen.
Da sind unsere Eltern natürlich geradezu perfekt.
Aber nicht nur unsere Eltern alleine sind es mittlerweile. Es sind auch Schauspieler, Filme, Serien, Zeitungen, Zeitschriften, Bücher uvm., an denen wir uns ganz unbewusst orientieren.

Der Einfluss unserer Freunde und Mitmenschen ist ebenfalls nicht zu unterschätzen.

Jeder von uns versucht, sein Leben so perfekt wie nur irgend möglich zu Leben.

Viel zu häufig übernehmen wir die Meinung von anderen Menschen, ohne selbst darüber nachzudenken.

Was die Mutter und der Vater gesagt haben, muss doch stimmen. Schließlich sind es ja die eigenen Eltern und die müssen doch einfach alles wissen.

Was der Nachrichtensprecher uns mitteilt, muss doch auch so sein. Schließlich ist das das Fernsehen und die müssen es doch wissen.

Was in den Filmen und Serien so gezeigt wird, das muss doch das Leben sein. Genau so muss es doch funktionieren, oder?

Die Wahrheit ist aber, dass es keiner weiß. Keiner weiß wirklich zu 100%, wie das Leben, die Liebe und die Beziehungen denn tatsächlich funktionieren. Woher denn auch?

Auch ihnen blieb doch dazumal nichts anderes übrig, als es ihren Vorbildern und Eltern nachzuleben.

Es bestand schon immer -und heute mehr denn je- das Bedürfnis, sich an irgendjemandem oder irgendetwas zu orientieren.

In Wirklichkeit ahmen wir das Leben unserer Vorbilder und Vorfahren nach.

Doch der Trend hat sich verändert.

Wenn ich mir die jungen Mädchen so anschaue, so muss ich feststellen, dass sie sich alle sehr ähnlich sind. Sie gleichen sich von ihrem Äußeren her fast wie ein Ei dem anderen.

Bei den Jungs ist es nicht viel anders. Auch hier kann ich bestimmte Trends ablesen, ohne dass ich weiß, was „in" ist und mich auf dem neusten Stand der Mode befinde.

Ganz besonders die jungen Mädels verkörpern schon fast den perfekten Modeltypen.

Ein Praxisbeispiel:

Unlängst hat mich meine Tochter (mittlerweile 22) in eine Disco mitgenommen.

Ich wollte mir das neue Heute einfach mal vor Ort anschauen. Und ich muss zugeben, dass ich entsetzt darüber war, was ich zu sehen bekam.

Junge Mädchen standen in Kleidern und Röcken da, die kürzer als kurz sind. Ihre Dekolletees waren tiefer als tief. Dazu bewegten sie sich sehr aufreizend und lasziv zur Musik.

Ich bin weiß Gott wirklich kein unmoderner Mensch. Ich habe 120 Jugendliche im Hip-Hop und Breakdance über viele Jahre unterrichtet. Doch diese Gleichheit und ihre Offenheit dieser vielen Mädchen stimmte mich schon mehr als nur bedenklich.

Mir fehlte die Individualität der Mädels. Ich fragte mich, wenn ich jetzt ein Junge wäres welche dieser Mädels mir wohl gefallen würde? Eigentlich sehen sie alle fast gleich aus. Woran sollte ich die eine, ganz besondere für mich denn nur erkennen können? Selbst ihre Gesichter waren schon fast auf ein und dieselbe Art geschminkt (und nicht gerade natürlich).

Außerdem hatte ich nicht gerade den Eindruck, dass es die Jungs eine große Anstrengung kosten würde, wenn sie eines der Mädels, wenn auch nur für eine Nacht, haben wollten.

Im Grunde könnte mir das ja auch ganz egal sein. Doch ich weiß genau, dass das ein oder andere Mädel eines Tages in meiner oder irgendeiner Praxis stehen und Liebeskummer haben wird.

Natürlich habe ich mich auch gefragt, woher diese Gleichheit kommt?

Da ich sehr wenig Fernseh schaue und auch sonst kein großer Benutzer von Medien bin, scheint mir die Orientierung an Models und Musik-Videoclips und so weiter vollkommen zu fehlen.

Dennoch habe ich das allergrößte Verständnis, dass sich die Mädels an solchen Vorbildern festhalten möchten.

Die (grausame) Realität spiegelt das Chaos durch Trennungen, Scheidungen, Betrügereien aller Art und ständige Streitigkeiten wider. All das scheint mittlerweile an der Tagesordnung von uns Menschen zu sein.

Schön und gut...dann haben wir uns doch augenscheinlich damit abgefunden und sollten uns doch daran gewöhnt haben?

Doch warum tut es dann immer noch so weh, wenn es passiert?

Ganz einfach, weil es um die Liebe geht!

Es geht um unsere Gefühle und somit um unsere Urinstinkte.

Solange wir Menschen Mensch sind, können wir uns daran nicht gewöhnen. Das ist einfach unmöglich.

Ja, wir können uns alle Mühe geben, die Menschen, welche ganz augenscheinlich ihr Leben im Griff haben, zu kopieren. In der Hoffnung, dass auch wir dann eines Tages zu diesem auserwählten Kreis der glücklichen Menschen gehören werden.

Wir wissen zwar nicht, ob unsere Vorbilder wirklich glücklich sind, aber solange wir aussehen wie Heidi Klum besteht immer noch die Hoffnung, dass auch wir die Liebe unseres Lebens finden werden.

Wahre Schönheit kommt von innen. Bevor wir uns in eine angepasste Gleichheit begeben und uns dann einbilden, dass wir unser wahres Ich dort finden werden, sollten wir uns zu allererst einmal selbst finden.

Wie können wir erwarten, geliebt zu werden um unser selbst willen oder gerade weil wir so sind, wie wir sind, wenn wir gar nicht wissen, wer wir sind?

So viele Kopien von Frauen und Mädchen sorgen für ein Überangebot von Gleichheit. Bei einem Überangebot sinkt ganz klar auch die Nachfrage.

Sobald etwas oder jemand besonders und einzigartig ist, steigt die Nachfrage danach sofort.

Nur deine Selbstliebe und deine Einzigartigkeit sorgen für eine hohe Nachfrage.

Frauen, die für Männer einfach alles tun, gibt es mittlerweile wie Sand am Meer.

Frauen, die leider vollkommen vergessen haben, wie wunderschön und besonders sie sind, werden von Tag zu Tag mehr.

Frauen, die für Männer ohne ein gefordertes Eroberungsritual sofort für alles bereitstehen, liegen schon fast im Trend.

Die Männer haben das niemals und zu keinem Zeitpunkt von uns Frauen gefordert. Sie haben sich lediglich der Zeit und dem Trend von heute angepasst.

Wenngleich sie die Programmierung ihrer Urinstinkte noch immer in sich tragen und sich eigentlich nichts sehnlicher wünschen, als auf diese eine ganz individuelle, echte Frau und damit auf ihren Schatz zu treffen.

Hört auf euer Herz. Hört was es euch zu sagen hat.
Auch wir Frauen tragen das alles doch in uns. Auch wir wissen doch ganz tief in unserem Herzen, was wir wollen und was nicht.
Wir wünschen uns in Wahrheit doch alle einfach nur, um unser selbst willen geliebt zu werden.
Warum folgen wir dem antrainierten Zwang, dem Mann schon wieder zu schreiben?
Warum lassen wir uns ständig wieder darauf ein und bitten ihn um ein Date?
Warum erniedrigen wir uns an einer Tour selbst?
Unser Herz weiß es doch eigentlich viel besser.
Es kann doch unmöglich sein, dass wir so bedürftig sind, nur weil wir einen Mann lieben.
Na und! Wir sind es, die geliebt gehören! Denn schließlich sind wir Göttinnen! Wir sind es, die um ein Date gebeten werden sollten. Denn schließlich sind wir die Prinzessinnen!
Wir sind es, die den Mann warten lassen. Denn schließlich sind wir doch die wahren Königinnen!

Auch wenn es manchmal etwas Zeit braucht, bis er für sich erkannt hat, dass er bei uns doch tatsächlich auf einen Schatz gestoßen ist und uns diese Wartezeit vielleicht sogar Kummer und Schmerz bereitet. Dann werde dir bewusst darüber, dass es auch ein Leben vor diesem Mann gegeben hat.
Du bist nicht abhängig von ihm. Alles, was er dir geben kann, kannst du dir auch selbst geben. Du bist nicht unvollständig ohne ihn. Im Gegenteil! Du warst immer vollständig und wirst es auch für immer bleiben, ob mit oder ohne ihn.
Nur du selbst kannst dir dein Leben so aufregend und lebendig gestalten, wie du es möchtest. Du hast das schon als Kind getan und du kannst das auch weiterhin für dich tun.

Drehe den Spieß in Zukunft um und lass ihn mal etwas zappeln.

Du wirst staunen was passiert. Möglicherweise begreift er deine Veränderung nicht sofort. Aber wenn du diesen Schmerz und diese Geduldsprobe durchhältst und dich dafür von Tag zu Tag immer mehr liebst, als ihn, dann garantiere ich dir, dass du diesen Mann bis ans Ende deiner Tage für immer bei dir hast.

Halte es aus! Sei stark! Lebe dein Leben! Sieh deine Schönheit, deine Einzigartigkeit und wie wundervoll du bist!

Sage dir das jeden Tag!

Mache ihn zum Bettler nach dir!

Vertraue mir, er hat dich nicht vergessen. Er hat nur ein langsameres Zeit-Gen als du. Beiß auf die Zähne und warte ab, bis sein Zeit-Gen aktiv wird. Und das wird es zu 1000%...

Es ist eine reine Frage der Zeit.

Aber bitte bitte höre in dieser Zeit nicht auf, zu leben. Im Gegenteil! Ich bitte dich zu jeder Zeit, immer das Beste und Optimalste aus deinem Leben herauszuholen.

So machen das die echten Prinzessinnen eben. Sie warten nicht, bis der Prinz kommt. Sie spielen in dieser Zeit mit ihrer goldenen Kugel und mit ihren Freunden und Brüdern und Schwestern. Sie lernen tanzen, nähen, stricken, andere Sprachen...usw.

Nutze auch du diese Zeit so sinnvoll und gewinnbringend, wie es nur irgend geht.

Was macht dir Spaß? Was wolltest du schon immer sehen, besuchen, machen oder erlernen für dich?

Tu es!!! Worauf wartest du noch? Schließlich geht es um dich und damit um den wichtigsten Menschen in deinem Leben☺

Wenn Männer gemein werden!

"Im Erfinden von Bedenken sind wir immer noch weltspitze"
                                                    Erich Häusser

Immer häufiger kommt es vor, dass mir erzählt wird, wie gemein der Mann plötzlich geworden wäre.
Dazu versuchen wir erst einmal das Wort "gemein" etwas zu definieren.

Bedeutungsübersicht aus dem Duden: (Quelle: Duden)

1.

    1. abstoßend roh

    2. (in Bezug auf jemandes Verhalten o. Ä.) in empörender Weise moralisch schlecht; niederträchtig

    3. in empörender Weise frech, unverschämt

    4. unfein und unanständig; ordinär; unflätig

2.

    1. (umgangssprachlich) unerfreulich, ärgerlich, als eine Unfreundlichkeit des Schicksals erscheinend

    2. (umgangssprachlich) sehr

3. (Botanik, Zoologie, sonst veraltend) keine besonderen Merkmale habend, durch nichts herausragend

4. (veraltend) auf die Allgemeinheit bezogen

Männer werden also ganz plötzlich roh, frech, unfein, unverschämt, moralisch schlecht und niederträchtig...usw..

Was kann da um Himmels willen nur passiert sein?

Ich spreche den Frauen ihren Eindruck der Veränderung des Mannes bis hin zum Gemeinsein in keiner Weise ab.
Nein, ich räume es sogar ein, dass sowas vorkommen kann.
Wobei ich dabei betonen möchte, dass es nicht im Naturell des Mannes liegt, sich so dermaßen in so einen Charakter zu verwandeln.
Männer sind eigentlich alles andere als gemein. Im Gegenteil, es liegt ihnen fern, die Frau auf diese Art unglücklich und traurig zu machen.
Es ist mehr als offensichtlich, dass hier irgendetwas für diese Wesensveränderung des Mannes gesorgt haben muss.
Doch was könnte das bloß gewesen sein?
Vielen Frauen ist es überhaupt nicht bewusst, dass ihr Verhalten für eine Verhaltensveränderung des Mannes verantwortlich ist.
Sie fühlen sich keiner Schuld bewusst (wobei das Wort "Schuld" ein ganz schreckliches Wort ist. Für mich gibt es nur Erfahrungen und keine Schuld!).
Im Gegenteil! Meistens sehen sie sich als das Opfer in solchen ausufernden Situationen.
(Ich möchte hierbei bitte ausdrücklich betonen, dass es hier um rein verbale Äußerungen geht, nie und nimmer um körperliche Gewalt. Körperliche Gewalt ist für mich undiskutabel und absolut inakzeptabel. Sollte ein Mann dir gegenüber jemals zu so etwas fähig sein, dann geh auf direktem Weg zur Polizei und zeig ihn an und geh fort, so schnell dich deine Beine tragen können).
Verbale Gemeinheiten und Beleidigungen sind meiner Meinung nach nicht wesentlich weniger schlimm und genauso 100% inakzeptabel wie die körperliche Gewalt.
Ich greife das Thema nur deshalb explizit hier auf, weil man sich nicht vorstellen kann, wie viele Frauen sich solche Gemeinheiten, Beschimpfungen und Beleidigungen tagtäglich gefallen lassen, ohne auch nur die geringste Konsequenz für sich daraus zu ziehen. Ja, sie gehen nicht weg. Sie verlassen diesen Mann nicht, ganz egal, was er sagt und macht. Sie halten weiterhin zu ihm, **aaaabbbbeeerrrrr** sehen sich dennoch als Opfer.

Schon das alleine könnte mit ein Grund für sein gemeines Verhalten sein.

Welche Gründe könnte es aber noch geben, dass die Männer ganz plötzlich gemein werden?

Mit hundertprozentiger Sicherheit hat sich einer der 5 aufgezählten Punkte in diesem Ratgeber bei euch eingeschlichen.
Vielleicht ist es sogar mehr als nur einer?
Wie dem auch sei, das musst du selbst am besten wissen für dich.
Doch unter Garantie war ein Entmannungsverhalten mit eine Ursache dafür.
Ein Mann, welcher sich entmannt fühlt, wird irgendwann damit beginnen, sich wieder zu „bemannen". Er ist sehr oft sehr ungeschickt und unbeholfen dabei.
Jeder Mensch versucht auf seine Art, seine innere Ordnung wiederzufinden. Ist sein Ordnungsgefühl so dermaßen aus den Fugen geraten, dann fühlt sich alles nur noch unordentlich und verwirrend an.
Ganz genau diese Verwirrung bringt den Mann an seine wahren Grenzen.
Man könnte schon fast behaupten, dass er sich unter Druck und allen Umständen seine Männlichkeit wieder zurückholen möchte.
So sehr er sich aber bemüht und seine sämtlichen Versuche auf keinen fruchtbaren Boden fallen, es scheint ihm einfach nicht gelingen zu wollen.
Seine verbale Gewalt ist dann das allerletzte Aufbegehren, um sich männlich zu fühlen.
Unter normalen Umständen zeigen seine Gemeinheiten auch die entsprechende Wirkung. Die Frau würde sich dann zurückziehen, beleidigt sein und ein typisch weibliches Verhalten an den Tag legen.
Der Mann geht davon aus, dass das jetzt passiert. Er ist sozusagen bemüht, die Beziehung wieder auf Reset zu setzen.
Er hat seine Männlichkeit überdeutlich gezeigt. Jetzt besteht die Chance, sich mit der Frau wieder zu versöhnen. Er darf bzw. muss sie erneut erobern.

Die Frau kann alle ihre Prinzipien wieder aufleben lassen und ihm nur sehr zögerlich verzeihen. Natürlich unter dem Bedingung, dass so etwas nie wieder vorkommt.

Es wäre das klärende Gewitter der Männlichkeit, um danach die reine, frische und saubere Luft wieder genießen zu können.

Jetzt gibt es aber tatsächlich Frauen, die kann man beschimpfen und beleidigen, so viel man will. Nicht nur, dass sie ihm alles verzeihen. Nein! Sie haben auch noch volles Verständnis für sein danebenliegendes Verhalten.

Sie zeigen ihm ihre Liebe mehr denn je. Sie unterlassen alles, was ihn aufregen oder stören könnte. Denn schließlich lieben sie ihn ja sooo sehr. Nur sie wissen, dass im tiefsten Inneren dieses Mannes der gute Kern zu Hause ist. Nur sie sehen, wie schlecht es ihm durch sein eigenes schlechtes Verhalten jetzt geht.

Vielleicht wurde er ja von seinen Eltern nie geliebt und weiß nicht, wie man wirklich liebt?

Aber wir Frauen können ihm das ganz sicher noch irgendwann beibringen. Also lassen wir einfach mal alle Gemeinheiten über uns ergehen und was soll`s...Schwamm drüber. Solange er uns nicht verlässt und uns ab und zu ein Leckerli der Zuneigung schenkt, gibt es noch Hoffnung für ein Happy End.

Eines Tages wird er es sicher einsehen, dass wir gut waren zu ihm und dann wird er froh sein, dass wir noch da sind.

Nein, dieser Mann ist nicht froh darüber, dass wir noch da sind. Er ist einfach nur zutiefst geschockt darüber, wie viel sich die Frauen heutzutage gefallen lassen.

Unvorstellbar aus der Sicht eines Mannes.

Was muss er denn noch tun, um endlich wieder in seine Männlichkeit zu kommen?

Die Situation wird sich durch dein Bleiben und dein Verzeihen nicht im Geringsten verbessern. Im Gegenteil. Geh davon aus, dass dich jetzt nur noch Schlimmeres erwarten wird.

Denn der Mann hat es verstanden, dass er hier keine echte Frau (keinen Schatz) an seiner Seite hat bzw. kennengelernt hat. Er wird sich mehr und mehr fragen, wo deine Grenzen wohl liegen.

Dazu muss er aber immer weiter an seine Grenzen gehen.

Siehe da, es scheint wohl keine Grenzen bei dir zu geben. Egal was er sagt, macht und tut, er wird immer geliebt und geliebt und geliebt und...

Die nächste Stufe die ihm jetzt noch bleiben wird, ist die vollkommene Resignation.

Er kann der Frau jetzt nur noch zeigen, wie uninteressant er sie findet. Wie egal sie ihm ist. Indem er sie einfach nicht mehr in sein Leben integriert.

Vielleicht versteht sie es ja dann, dass er der Mann ist und auch bleiben möchte.

Wie schön wäre es jetzt dann, wenn die Frau doch noch ein wenig stolz für sich zeigen würde und ihn dann als den Mann annimmt, der er unbedingt sein möchte (immer alles auf seinen Urinstinkt und seine Gefühle bezogen = unbewusstes Verhalten).

Ja, es ist mittlerweile eine Frage des weiblichen Stolzes!!!

Wieviel Stolz tragen wir für uns in uns?

Wann werden unsere persönlichen Grenzen erreicht?

Was muss noch alles geschehen, damit wir für uns selbst endlich einstehen werden?

Es kann und darf nicht sein, dass wir zu allem bereit sind, nur dass dieser Mann bei uns bleibt.

Was haben wir eigentlich von so einem Mann (noch)?

Ist es das, was wir uns unter der Liebe und unter einer Partnerschaft vorstellen?

Macht er dich glücklich?

Trägt er dich auf Händen?

Beweist er dir auf seine männliche Art, wie sehr er dich liebt?

Bitte frage dich ganz ernsthaft, ob dir dieser Mensch wirklich so viel bedeutet, dass du das alles über dich ergehen lässt!

Wenn du hier tatsächlich die Umkehr haben möchtest und du wünschst dir von ganzem Herzen weiterhin diese Beziehung mit diesem Mann, dann musst du jetzt sofort die Veränderung bei dir anstreben.

Zeig ihm nicht nur deine klaren Grenzen auf, sondern lebe diese ab heute auch ganz konsequent.

Weißt du, die Basis, nämlich eure Liebe füreinander, ist nach wie vor noch da. Es hat sich nur eben leider sehr viel Unrat (in Form von Gemeinheiten) darauf niedergelegt.

Man könnte sagen, dass eure gemeinsame Basis (= Liebe) total verschüttet unter einem Berg von Missverständnissen und Gemeinheiten liegt.

Alles, was er wollte und immer noch will, ist, dass er eine weibliche Frau mit Stolz und Prinzipien an seiner Seite hat. Damit er sich so auch immer männlicher fühlen kann.

Nur wenn du sofort -und ich meine sofort- damit beginnst, in deine Weiblichkeit hineinzugehen, kann und wird sich diese Situation auch tatsächlich wieder verändern und verbessern.

Ich will dir nichts vormachen und nicht verschweigen, dass das allerdings ein langer Weg dorthin sein wird.

Denn er wird deinem neuen Ich bzw. deiner neuen Konsequenz und Fürsorge für dich am Anfang sehr misstrauen.

Mehrere Tests in Form von Gemeinheiten wird er immer und immer wieder abrufen.

So wirst du immer wieder aufs Neue dazu aufgefordert sein, dich in deiner weiblichen Konsequenz und deinen Prinzipien durchzusetzen.

Zunächst ist es sehr wichtig, dass du alles mit ihm auf der Stelle beendest. In einer bisher noch nie gelebten Konsequenz und Durchsetzung.

Du bist die Prinzessin und bist zutiefst verletzt und beleidigt worden. Jetzt bist du so sauer und wütend darüber, wie du es in der ganzen Zeit eures Zusammenseins nicht ein mal warst.

Es gibt kein Verzeihen, kein Einlenken, keine Versöhnung oder einen Neuanfang für dich. Nein!!!

Das alles sagst du ihm ganz direkt und mehr als deutlich ins Gesicht. Sollte deine Stimme sich dabei erheben, dann umso besser.

Du lässt nicht zu, dass er dir ins Wort fällt. Denn jetzt redest du. Dabei erwähnst du immer wieder, was du dir wünschst und auch, dass du das alles mehr als verdient hast.

Vermeide bitte Vorwürfe, was sein Verhalten und seine Ausdrucksweise angehen. Bleibe nur bei dir und deinen Wünschen und Vorstellungen.

Ja, du bist voller Liebe! Ja, du liebst ihn! Nein, diese Art der Beziehung ist es nicht wert, so weiterzumachen.

Bitte sag nicht, dass er es nicht wert sei! Damit entmannst du ihn ein weiteres Mal. Beziehe dich in eurem Gespräch einzig auf deine Wünsche und deinen Wert.

Dabei drückst du dich aber sehr sehr deutlich und klar aus.

Und da du dir nur für das Beste im Leben wert bist, beendest du das hier und jetzt für alle Zeit.

So, damit hast du endlich den Eindruck bei ihm hinterlassen, auf den er schon so lange gewartet hat. Den er mit allen seinen Gemeinheiten versucht hat, aus dir herauszukitzeln.
Für den Moment wird er sehr irritiert sein. Vermutlich wird er dann, wenn er wieder reden darf, sogar noch einiges draufsetzen. U.u. auch noch weitere Gemeinheiten.
Da du jetzt das erste Mal aber wirklich hart bleibst, wirst du dich auf keinerlei weitere Diskussionen mit ihm einlassen. Du hast gesagt, was du zu sagen hattest. Du hast das im Hier und Jetzt auch tatsächlich beendet und deshalb ist das hier jetzt dein letztes Wort und du verlässt den Raum, die Wohnung oder was auch immer...jedenfalls devinitiv ihn!!!

Sicher wird es eine unbestimmte Zeit dauern, bis er sich wieder meldet. Oder er meldet sich ganz schnell wieder aber nur, um zu testen, ob du inzwischen deine Meinung geändert hast. Das hast du aber mit Sicherheit nicht. Du weißt, was du willst und auch, was du nicht willst. Eine Beziehung, wie sie bisher gelaufen ist, willst unter Garantie so nicht mehr.
Falls es zu weiteren Gesprächen kommt, wirst du immer und immer wieder betonen, dass du dir einfach zu wertvoll bist für sowas. Jedes Mal wirst du ihm erneut sagen, wie deine Wunschvorstellung von einer Beziehung aussieht.
Das ist sehr wichtig. Denn er wird sich das zu 100% merken.
Irgendwann hat er dann begriffen, dass du keine Angst hast, ihn zu verlieren. Dass du dich selbst liebst und dass du wertvoll bist. Wenn er dich wirklich wieder will -und das wird er mit absoluter Sicherheit- dann weiß er jetzt, wie er dich behandeln muss. Er weiß, dass du sonst ganz schnell auch wieder weg bist. Durch deine konsequente Ausdauer, die du in allen Bereichen deines Lebens lebst, hat er endlich begriffen, dass er einen wahren Schatz an seiner Seite hat.
Endlich ist er wieder in seiner Rolle als ganzer Mann. Er darf/muss dich jetzt wieder von neuem erobern. Nur eben dieses Mal nach deinen Regeln.
Schon fast dankbar für deine stolze Veränderung, wird er dich mehr denn je wollen und lieben dafür.

Jetzt hat alles wieder seine Ordnung. Sein Glück wird er kaum fassen können, wenn er dich dann wieder in seinen Armen halten darf und du ihm nach seiner erneuten Eroberung eine zweite Chance einräumen wirst.

Ich weiß, dass dieser Schritt, ein konsequentes „Schluss" auszusprechen, nicht leicht sein wird.
Wenn du ihn aber wirklich wieder als deinen liebevollen Partner an deiner Seite haben möchtest, dann musst du da leider durch.
Es darf auf keinen Fall auch nur eine Strategie von kurzer Dauer sein. Nein, du musst es in erster Linie für dich selbst wollen. Nicht weil du ihn verändern möchtest. Sondern weil du das so einfach nicht mehr möchtest. Gibst du zu früh nach und bist zu früh bereit, ihm schon wieder alle seine Gemeinheiten zu verzeihen, wird das Spiel wieder von vorne beginnen. Das Ganze könntet ihr solange spielen, bis er dann endgültig keine Lust mehr darauf hat und dann seine Konsequenzen für sich zieht.
Damit wäre der Tod eurer Beziehung besiegelt.

Abermals kannst du dich zwischen zwei Arten von Schmerzen entscheiden:
Den ersten Schmerz, den du haben wirst, wenn du ganz konsequent mit ihm Schluss machst. Was natürlich eine Ausdauer von einem unbestimmten Zeitrahmen von dir abverlangt.
Mit dem Ausgang eurer gemeinsamen Liebe und dem Neubeginn eurer Beziehung, so auch mit einer wunderschönen Veränderung in eurem Zusammensein.
Oder den Schmerz, wenn er es dann endgültig durchzieht und sich am Ende noch eine andere sucht, die ihm eben das Gefühl schenkt, hier ganz männlich zu sein und sie selbst ganz in ihrer Weiblichkeit ist.
Es ist einzig deine Entscheidung. Du hast die Wahl. Für welchen Schmerz willst du dich entscheiden? Einer wird es immer sein. Leider kommst du hier anders nicht mehr aus dieser Sache raus.

Es gibt leider noch einen zweiten Grund, warum Männer ganz plötzlich gemein werden können.

Warum sie sich vielleicht sogar von dir verabschieden und die Beziehung beenden. Obwohl die Basis der Liebe bei euch beiden definitiv noch vorhanden ist.

Es geht um das Thema "Vertrauen"!

Lange habe ich mit überlegt, ob dieses Thema nicht sogar einen Platz bei den 5 Punkten, die ich hier aufgeführt habe, bekommen sollte!

Da auch das Thema Vertrauen ein Todesstoß für eine Beziehung bedeuten kann.

Eine Frau, welche schon sehr viele negative Erlebnisse in dieser Richtung erlebt hat, wird auch leider immer mehr ein Thema damit haben.

Diese Frau möchte natürlich jetzt alles daran setzen, eine weitere Enttäuschung des Betrugs zu erleben. Mehr als verständlich!

Jetzt lernt sie also wieder einen Mann kennen. Alles scheint ganz wunderbar zu laufen. Gleich zu Beginn des Kennenlernens hat sie das große Bedürfnis, ihre negative Erfahrung mitzuteilen.

Das brauchen im Übrigen nicht nur Erfahrungen in der Partnerschaft und einer Liebesbeziehung zu sein.

Auch die negativen Erlebnisse in der Kindheit können damit gemeint sein.

Gleich zu Anfang möchte sie also von ihren Schädigungen auf emotionaler Basis berichten.

Von den Eltern nie wirklich geliebt (aus ihrer Sicht). Partner, die sie belogen und betrogen haben usw...

Es spielt keine Rolle, um welchen Bereich es sich handelt. Mehr als offensichtlich scheint es, dass diese Frau etwas noch nicht verarbeitet hat.

Möglicherweise bittet sie ihn deshalb um Verständnis und Geduld, dass es ihr eben sehr schwer fällt, sich wieder auf etwas Neues einzulassen.

Welche Botschaft kommt da jetzt wohl bei dem neuen Mann an?

Zum einen wird er im Vorhinein schon mit unschönen Situationen gekoppelt und verglichen. Und zum anderen wird und muss er sich fragen, wie er sein Verhalten jetzt und in alle

Ewigkeit so ausleben kann, um Missverständnisse für immer zu vermeiden?

Eine ganz schön große Herausforderung für ihn.

Kann er diesem perfekten Bild, welches diese Frau sich ganz offensichtlich wünscht, für immer entsprechen?

Eigentlich sollte gerade das Kennenlernen eine wundervolle und aufregende Zeit sein.

Jetzt könnte für ihn aber eher ein Spießrutenlauf daraus werden.

Wenn auch nicht sofort, aber irgendwann wird ihm dann schon der Schweiß aus purer Angst auf der Stirn stehen.

Nimmt ein Mann solch eine große Herausforderung dann doch an, dann nur, weil er diese Frau wirklich liebt und er der Meinung ist, hier einen wahren Schatz gefunden zu haben.

Andere Männer dagegen werden sich evtl. sofort wieder in den Rückzug begeben. So lieb und wundervoll diese Frau auch sein mag. Ein Leben in einem emotionalen Gefängnis, das ist keine Frau wert.

Andere Frauen dagegen entwickeln ein ungesundes Misstrauen erst während der Beziehung.

Ja, es kann sein, dass sie dazu auch ihre berechtigten Gründe haben.

Vielleicht sind sie genau von ihrem festen Partner auch schon mal betrogen worden?

Vielleicht gibt ihr Partner ihnen auch einen berechtigen Anlass zur Eifersucht?

Vielleicht ist ihre Eifersucht aber auch schon längst nicht mehr gesund und eher zerstörerisch, als förderlich und klärend.

Wie dem auch sei, ein mangelndes Vertrauen in den Partner und in die Liebe des Partners wird über kurz oder lang zum Ende der Beziehung führen.

Ungeachtet der Umstände, welche die Frau zu diesem ungesunden Misstrauen geführt haben, kann ein Mann sich in einem Leben unter ständiger Beweispflicht niemals wirklich fallen lassen und wohl fühlen.

Das Vertrauen in den anderen ist ganz genauso wichtig, wie die Liebe selbst.

Gehen wir tatsächlich mal vom allerschlimmsten Fall aus und dein Partner hat dich betrogen.

Es tut ihm unendlich leid und er gelobt, es nie wieder zu tun. Fast unaussprechlich dankbar ist er dir für seine zweite Chance, die du ihm gibst.

Am Anfang hat er auch noch das allergrößte Verständnis für dein Misstrauen und wird seiner Beweispflicht immer wieder versuchen, nachzukommen.

Aber nach einer gewissen Zeit erwartet er wieder seinen Freiraum mit deinem bedingungslosen Vertrauen.

Er hat getan, was in seiner Macht stand, um dir seine Treue immer wieder aufs Neue zu beweisen. Leider kann er ab einem gewissen Punkt nicht mehr.

Mit deinem stetigen Misstrauen raubst du ihm jede Kraft und jeden Nerv.

Irgendwann weiß er nicht, was er noch tun soll, um dir seine Treue zu beweisen und damit dein Vertrauen zu ihm zu erlangen.

Inständig hofft und fleht er (wenn auch nur für sich alleine), dass das alles endlich ausgestanden ist. Dass du ihm endlich verziehen hast und dass du ihm endlich wieder vertraust.

Tatsächlich ist er mittlerweile auch der treueste Mann, den man sich vorstellen kann.

Weiterhin wird ihm aber an einer Tour irgendetwas unterstellt und vorgeworfen und das jetzt völlig zu Unrecht.

Aus seiner Verzweiflung entsteht Wut. Aus seiner Wut heraus wird er plötzlich gemein und verletzend dir gegenüber.

Er beobachtet deine Traurigkeit. Hört sich deine dauernden Vorwürfe über seine vergangene Schuld an. Zunehmend geht es ihm schlechter und schlechter. Nicht nur, dass er sich ständig weiter rechtfertigen muss. Auch dass er dich von Tag zu Tag trauriger erlebt.

Jetzt beginnt er, sich nur noch schlecht zu fühlen. Alles, was ihm jetzt noch durch den Kopf geht, ist, dem Ganzen hier ein Ende setzen zu müssen.

Nicht weil er dich nicht liebt! Nicht weil er eine andere Frau möchte. Nein, er hat für sich begriffen, dass er dir nicht guttut. Dass er ganz offensichtlich unfähig ist. eine Beziehung zu führen. Ganz egal, was er auch macht und versucht, er scheint die Frauen nur unglücklich zu machen mit dem was er sagt, tut und macht.

Aus seiner Sicht ist das Ende dieser Beziehung die Befreiung für dich. Jetzt, so denkt er, kannst du endlich wieder glücklich werden.

Was er jetzt überhaupt nicht begreift, ist, dass du auch unglücklich darüber bist, wenn er dich von ihm befreit?

Auf der einen Seite dieses ständige Misstrauen, diese Szenen unter Tränen und voller Vorwürfe und auf der anderen Seite willst du ihn?

Wie aber bitte soll das für die Zukunft funktionieren?

Wird die Frau erst dann zufrieden sein, wenn sie einen Hampelmann an ihrer Seite hat? Und was wird dann aus seiner Männlichkeit? Wo hat die ihren Platz?

Die reinsten Tragödien pflastern jetzt den Weg dieser Beziehung. Solange, bis unter tiefstem Herzschmerz einer der beiden das Handtuch wirft und einfach nicht mehr kann.

Selbst in der Kennenlernphase kann es bereits zu solchen Eskalationen kommen. Vielleicht werden sie noch nicht so exzessiv ausgelebt. Aber aus Kleinigkeiten werden ausgewachsene Themen.

Und das allerletzte, was sich ein Mann wünscht oder möchte, ist, die Frau unglücklich zu machen.

Solltest du dich für einen Neuanfang entweder in der bestehenden Beziehung oder in einer neuen Beziehung entschließen wollen, dann musst du dich wirklich von allen deinen Ängsten und deinem Misstrauen dem Partner gegenüber verabschieden.

Nur so hat der zweite Anlauf eine reelle Chance. Nur so hat auch eine neue Beziehung eine Chance.

Deine Ängste und dein Misstrauen, woher sie auch immer kommen mögen, sind und bleiben deine eigenen Gefühle. Dein Partner hat damit überhaupt nichts zu tun. Auch dann nicht, wenn er dich gegebenenfalls schon einmal betrogen haben sollte.

Deine Ängste und Befürchtungen sind Gedanken und Gefühle der reinen Energie.

Was du denkst und was du fühlst, wirst du auch anziehen.

Alles, wovor du Angst hast und wovor du dich fürchtest, wird auch eines Tages zu deiner Realität werden.

Was du nicht denken oder fühlen kannst, kann auch nicht in dein Leben kommen.

Solltest du betrogen werden, dann hast du das auch irgendwann einmal gedacht. Ganz egal, wie lange es schon her ist, du hast es zu deiner Realität gemacht.

Bitte ändere ab sofort deine Gedanken und Gefühle.

Entwickle Vertrauen in dich. In deine Selbstliebe und deinen Wert. Denn bist du das Vertrauen selbst, dann kann es nichts geben, wovor du dich fürchten musst.

Alles entsteht in dir. Vertrauen und Liebe sind eins miteinander. Man kann einen Menschen nur dann bedingungslos lieben, wenn man ihm auch vertraut.

Sollte dir das nicht gelingen, ihm dein uneingeschränktes Vertrauen immer und immer wieder aufs Neue entgegenzubringen, dann entscheide dich lieber gegen eine neue Liebe und Partnerschaft.

Erspare dir und ihm diese Tragödie des Misstrauens.

Wenn du ihn wirklich liebst, dann lass ihn lieber frei, als ihn in die lebenslange Gefangenschaft deines Misstrauens zu sperren.

Ständige Versuche, ihn erneut zur Rede stellen zu wollen, wirken eher zerstörend als heilend.

Es würde irgendwann auch überhaupt nichts mehr nützen!

Denn Männer hören bei sich ständig wiederholenden Themen auf, zuzuhören.

Sobald das Thema auch nur in irgendeiner Form beginnt, einem schon vorangegangenen Thema zu gleichen, wird er unter Garantie aufhören, zuzuhören. Es reichen dazu manchmal schon ein paar Worte, welche ihm nur allzu bekannt vorkommen und er wird abschalten, wütender werden, als je zuvor und sich auf und davon machen.

Selbst dann, wenn du dein übertriebenes Misstrauen und deine unberechtigte Hysterie dann einsehen solltest und du dich dafür entschuldigen möchtest. Irgendwann wird es auch dafür zu spät sein. Dein ständiger Klärungs- und Erklärungsdrang und deine penetrante Harmoniesucht werden ihn von Szene zu Szene mehr und mehr ablöschen. Solange, bis seine Nerven blankliegen und er buchstäblich am Ende ist.

Hier ein wertvoller Tipp von mir, wie du deine Ängste und Blockaden aus der Vergangenheit loswerden kannst:

Auf der CD "Gesetz der Anziehung = Seelenplan = Blockaden lösen", "Liebe anziehen" hast du die Chance, nicht nur deine Blockaden und Ängste zu lösen. Darauf ist auch ein zweiter Chakrenausgleich für die Person deines Herzens.

Zum einen lösen sich deine Ängste und Blockaden wie von selbst auf. Zum anderen werden sich auch seine Ängste und Blockaden somit lösen. Damit einer gemeinsamen Zukunft in Freiheit und liebevoller Verbundenheit nichts mehr im Wege steht.

Wiederhole diesen Chakrenausgleich/Blockandenlösung immer dann, wenn du oder ihr eine Disharmonie in dir oder ihm wahrnimmst. Dadurch werden eure Energien wieder in den Einklang miteinander gebracht.

Eure Basis, die Liebe zwischen euch, wird sofort wieder spürbar und sichtbar sein.

Sollte dir eure Beziehung und er also wirklich etwas bedeuten, musst du dein Misstrauen in den Griff bekommen, vollkommen egal, wie.

Ein wenig Eifersucht ist schmeichelhaft. Ein wenig zu viel des Guten kann vernichtend sein.

Unter Umständen kann dir ein professioneller Coach oder eine Hypnose hier weiterhelfen!

Oder du ersparst euch beiden von vornherein diese immer wiederkehrenden Szenarien und beendest es sofort. Und zwar immer dann, wenn du für dich merkst, dass du ihm das geforderte und gewünschte Vertrauen (=Basis für eine Beziehung) nie wieder entgegenbringen kannst.

Oder du entschließt dich für die dritte Variante und leitest eine so genannte paradoxe Intervention ein. Indem du zunächst mit deiner ganzen Überzeugung und deinem ganzen Durchsetzungsvermögen die Beziehung für den Moment beendest. Voraussetzung dafür ist, dass du deinem Entschluss so lange treu bleibst, bis er wieder damit anfangen wird, dich erneut zu erobern.

Schließlich bist du jetzt eine ganz neue, andere und wieder sehr spannende Frau für ihn. Mit absoluter Sicherheit wird ihm das sehr imponieren und er wird nach einer gewissen Zeit wieder zu diesem charmanten Mann und Prinzen werden, der er einst einmal gewesen ist.

Egal für welche Variante du dich entscheiden solltest, wichtig ist es immer, das auch durchzuziehen und auszuhalten!

Viel Glück bei deiner gewählten Variante!☺

Hände weg von vergebenen Männern:

"Was du nicht willst, was man dir tut, das füg auch keinem anderen zu"

Unbekannt

Wenn man sich auf vergebene oder verheiratete Männer einlässt, so gibt das ganz selten ein Happy End für alle beteiligten.
Die wenigsten Männer verlassen ihre Frauen bzw. ihre Partnerinnen tatsächlich für eine andere Frau.
Eigentlich wollen vergebene Männer meistens nur spielen!

Dabei sind es ganz besonders die vergebenen Männer, welche einen unfehlbaren Charme in ihren Eroberungstechniken besitzen.

Alles beginnt zunächst ganz harmlos und natürlich auch völlig zwanglos. Meistens mit treffsicheren und gekonnten Komplimenten.
Die meisten Männer verschweigen ihre Beziehung noch nicht einmal.
Sie ködern uns Frauen mit dem Satz: „Es läuft gerade nicht so gut mit meiner Frau/Partnerin!"
Oder: „Bei uns ist irgendwie schon so lange die Luft draußen und wir haben schon seit Jahren keinen Sex mehr gehabt miteinander!"
Gefolgt von: „Eigentlich bin ich meiner Frau/Partnerin bisher immer treu gewesen und wenn die Kinder nicht wären, hätte ich sie schon längst verlassen!"

Pustekuchen!!!
Nichts dergleichen hätte er gemacht.
Denn eines ist so sicher, wie das berühmte Haar in der Suppe, wenn sich ein Mann von einer Frau wirklich trennen möchte, dann tut er das auch ohne Wenn und Aber!!!
Das ist eines, was ich garantieren kann.

Männer sind zwar zu bequem und zu feige, ihre Partnerin/Frau zu verlassen. Aber niemals zu bequem und zu feige für eine aufregende und belebende Affäre.

Außerdem sind sie nicht dumm! Sie wissen ganz genau, wie sie uns Frauen ködern können. Welche Karte sie bei einer hinreißenden Singlefrau ausspielen müssen, um erfolgreich zu landen.

Ihre Sicherheit, sich in einer festen Beziehung zu befinden, verleiht ihrem Charme das gewisse Etwas.
Ganz ohne Risiko für sich selbst kann er immer wieder aufs Neue ausloten, inwieweit seine Männlichkeit noch gefragt ist.
Es ist ein Kick der ganz besonderen Art für die Vergebenen.
Sämtliche Glückshormone werden dabei bei ihm freigesetzt und das belebende Adrenalin macht ihn geradezu süchtig danach.
Ein Nervenkitzel der Extraklasse macht ihn sehr erfinderisch, lebendig und so auch unwiderstehlich.
Sein Einfallsreichtum kennt kaum eine Grenze. Das Ganze geht solange, bis er bekommen hat, was er wollte. Nämlich seine Affäre.

Im weiteren Vorgehen gibt es ganz verschiedene Varianten der Fortsetzung.
Die optimalste Variante wäre, dass ihn das eine Mal mit der geliebten schon befriedigt hätte und er das Ganze gleich nach dem ersten Sex sofort wieder beenden wird.
Obwohl ein Mann das Ende nur sehr selten kommunizieren wird. Das heißt, er wird uns auf Nimmerwiedersehen danach für immer einfach verleugnen und „toter Mann" spielen.
Auch diese Variante ist nicht gerade die erfreulichste für uns Frauen. Aber immer noch die angenehmste davon.

Die andere Variante wäre, dass es ihm wirklich sehr gefallen hat mit dir. Dass sein Adrenalin immer wieder aufs Neue darauf besteht, sich seinen Kick bei dir zu holen. So gesehen könnte man es tatsächlich als eine Art Sucht verstehen, welche den Mann hier jetzt ereilt hat.
Natürlich ist ihm vollkommen klar, dass er dich bei erneuten Wiederholungen stetig mit irgendetwas vertrösten muss.

Denn auf eine gewisse Art hat er dir ja seine Gefühle zugestanden (Vorsicht: nicht eingestanden!!!).

Also muss er dir weiter Ausreden seiner Zugeständnisse liefern.

In Wahrheit hat er niemals vor, sich wirklich und wahrhaftig zu trennen.

Da es mit dir aber eine so wunderschöne Abwechslung von seinem traurigen Alltag ist und er damit (noch) nicht aufhören möchte, wird er dir das Blaue vom Himmel versprechen.

Manchmal werden solche Männer auch noch dreister, indem sie dir von ihrem schiefen Haussegen daheim erzählen. Wie furchtbar seine Frau wiedermal zu ihm war usw. .

Sie nutzen uns Frauen für ihren persönlichen Seelenmüll aus.

Eine Trennung kommt leider dennoch nicht in Frage. Denn die Kinder sind noch zu klein. Das würden sie niemals verkraften.

Oder die Eltern und Schwiegereltern haben ein schwaches Herz und der richtige Zeitpunkt für die Trennung ist jetzt einfach noch nicht gekommen.

Oder seiner Frau geht es gerade gesundheitlich überhaupt nicht gut, das Geld, das gemeinsame Geschäft, das gemeinsame Haus usw. machen eine Trennung im Moment schlicht und ergreifend einfach unmöglich.

Vielleicht kommt dir das ein oder andere hier gerade nur allzu bekannt vor?

Wie dem auch sei, er hatte nie vor, sich zu trennen und wird es auch niemals tun (natürlich gibt es auch Ausnahmen, auch wenn die Statistik mir definitiv beipflichtet).

Ich darf hier nochmal erinnern, dass bei uns Frauen das Oxytocin (=Verliebtheitshormon) bereits bei der ersten Vereinigung freigesetzt wird. Während es beim Mann ein eher langsames und behäbiges Dahintröpfeln ist.

Wenn wir nicht sehr aufpassen, dann haben wir uns in nur ganz kurzer Zeit in diesen Mann verliebt und damit wird unser Leidensweg eröffnet sein.

Die Zeit des Wartens, des Hingehaltenwerdens und des Hoffens beginnt.

Ich war noch nie in der Situation der Geliebten. Ich sehe das aber immer wieder bei meinen Klientinnen, wie traurig und zermürbend dieser Zustand für sie ist.

Dabei blutet mir fast das Herz und ich wünschte, sie wären noch vor Beginn dieser Affäre zu mir gekommen. Vielleicht hätte ich den ein oder anderen Schmerz verhindern können?!

Wie dem auch sei. Die Geliebte hat in dieser Dreierkonstellation immer, aber auch absolut immer die A-Karte gezogen.
Bei allen Anlässen und emotionalen Ereignissen wird sie diejenige sein, die ganz alleine entweder Zuhause auf dem Sofa oder unter Freunden feiert.
Pärchenverabredungen und Pärchenurlaube bleiben ihr bis in alle Ewigkeit vorenthalten.
Dazu kommen das Wissen und die Vorstellung, wie er jetzt mit seiner Frau gemütlich auf dem Sofa sitzt oder feiert oder im Urlaub ist.

Es wäre so schön, wenn die Geliebte sich aus dieser undankbaren Konstellation verabschieden könnte. Vermutlich wird das eines schönen Tages auch ihr größter Wunsch im Leben sein.
Doch bis dahin gibt es da ja noch immer seine Versprechen und Zugeständnisse, an denen sie sich immer wieder festhalten kann.

Hast du dir schon mal die Frage gestellt, warum er seine Frau (diesen unausstehlichen Drachen = seine Worte) nicht schon längst verlassen hat, noch bevor du in sein Leben getreten bist?
Möglicherweise hält hin ja ganz genau ihre Zickigkeit und Unausstehlichkeit in dieser Beziehung?
Erinnere dich an das Kapitel "Männer lieben weibliche Frauen" (S.59). Darin ist sehr klar beschrieben, dass Männer ganz besonders die Zicken favorisieren. Denn diese lassen sie sich ganz besonders männlich fühlen.
Während die Geliebte ganz oft die Rolle des Gegenpols übernimmt.
Sie zeigt sich verständnisvoll, ausgeglichen, zärtlich und leidenschaftlich.
Eigentlich könnte einem Mann doch gar nichts Besseres passieren, als zwei so gegensätzliche Frauen in seinem Leben zu haben.

Die Geliebte himmelt ihn an und die "Böse" daheim sagt, wo es lang geht und vermittelt ihm damit seine Sicherheit und Geborgenheit.

So kann sich diese Affäre bis zum Sankt Nimmerleinstag hinziehen, ohne die geringsten Anzeichen auf die erhoffte und ersehnte Veränderung für die Geliebte.
Wenn es für den Mann wirklich ganz gut läuft und er großes Glück hat, unterstützt ihn seine Geliebte vielleicht auch noch finanziell. Jackpot für den Mann.

Leider werden so manche Geliebte dann aber plötzlich fordernd und kompliziert. Ihre Geduld scheint eine Grenze zu haben.
Unter Umständen verlangt sie jetzt eine Enscheidung von ihm.
Und so wird er es sich in diesem Falle abermals sehr leicht machen.
Da er niemals vorhatte, sich von seiner Frau zu trennen, wird er sich wohl oder übel von seiner Geliebten trennen müssen.
Schließlich ist sie selbst schuld. Warum stellt sie ihm denn auch so ein gnadenloses Ultimatum?
Wenn sie nur noch etwas Geduld gehabt hätte, so wäre der Tag seiner Loslösung (in 10 oder 20 Jahren) ganz sicher auch gekommen.

Das nächste Thema ist hier doch auch das Thema des Vertrauens!
Wer sagt einer Geliebten denn, dass er nicht auch sie dann betrügt, sobald er sich doch für sie entschieden haben sollte?
Schon befinden wir uns im nächsten Dilemma und alles wird immer nur noch komplizierter statt einfacher werden.

Selbst bei Menschen, die sich gerade eben erst aus einer Beziehung herausgelöst haben, ist das nicht ganz so einfach.
Eine nicht entgültig abgeschlossene und für immer beendete Beziehung kann sich sehr negativ und belastend auf die neue Beziehung auswirken.
Es sollten mindestens 3 Monate vergangen sein, um sich wieder neu binden zu können.
Auch hier zeigt die Statistik, dass übergangslose Beziehungen auf Dauer nur selten gelingen.

Deshalb ist mein von Herzen gut gemeinter Tipp an euch:

Solltet ihr auf einen vergebenen Mann treffen, dessen Beziehung gerade nicht so gut läuft, dann lasst euch auf absolut gar keinen Fall mit ihm ein, solange er sich nicht wirklich und wahrhaftig von seiner Frau/Partnerin getrennt haben sollte.
Weder einen regen SMS-Kontakt, noch sonstige harmlose Treffen braucht er von dir zu erwarten.
Von vornherein hast du deine ganz klaren Prinzipien, die da lauten:
Keinerlei Kontakt bis zur vollzogenen Trennung!!!

Nur so triggerst du bei einem vergebenen Mann seinen Jagdinstinkt so dermaßen an, dass er sich möglicherweise tatsächlich für dich von seiner Partnerin/Frau trennen wird.
Nur so kann er erkennen und sicher sein, dass er bei dir auf einen wahren Schatz gestoßen ist. Ein Schatz, den er unter allen Umständen für sich haben will und haben muss.

Sollte er sich dann doch nicht aus seiner bestehenden Beziehung lösen, so hast du für dich hier überhaupt nicht verloren. Im Gegenteil!
Du bist der wahre Sieger auf ganzer Strecke. Denn du bist dir selbst treu geblieben. Und vor allen Dingen noch bevor dein Oxytocin dich beherrscht und dich in das endlose Tal des Liebeskummers versetzen kann!

Manchmal ist es sehr schwer, sich dem männlichen Charme zu widersetzen. Doch ich kann dir versprechen, dass es sich unter absoluter Garantie lohnt, sich selbst und seinen Prinzipien hier treu zu bleiben.

So oder so wirst du dann der Gewinner dieser Erfahrung sein.

Entweder er wirft das Handtuch und dann aber ohne den geringsten Schaden für dich!

Oder er entscheidet sich für dich und einer gemeinsamen Zukunft in der Liebe, in der Ehrlichkeit und im gegenseitigen Vertrauen füreinander steht dann nichts mehr im Weg!

Zu hohe Erwartungen an eine Beziehung:

"Die Erfahrung irrt nie, nur euer Urteil irrt"
Leonardo Da Vinci

Wir alle leben hin und wieder nur allzu gerne in einer bzw. unserer Traumwelt. Das ist mit die schönste Fähigkeit, die uns Menschen geschenkt wurde. Unsere Fantasie, unsere Visionen und Vorstellungen.
Natürlich haben unsere Wünsche und unsere Visionen eine unvorstellbar große Kraft und Energie.
Je länger wir uns damit beschäftigen und wir unseren Wunschgedanken nachhängen, desto größer ist die Wahrscheinlichkeit, diese in unserem Leben dann auch in unserer Realität vorzufinden.
Ich gebe zu, dass ich persönlich ein sehr leidenschaftlicher Träumer und Visionär meines Lebens bin und dafür liebe ich mich☺.
Ein Leben ohne meine Wünsche, Träume, Visionen und Ziele wäre für mich einfach unvorstellbar!
Doch wenn ich eines ganz sicher weiß, dann dass ich mir niemals und unter keinen Umständen jemals etwas für einen anderen wünschen kann, wie z. B. seine Veränderung.
Jede Veränderung beginnt immer nur in mir und mit mir.
Deshalb können und werden sich auch nur diese Wünsche für mich erfüllen, welche auch mit mir alleine zusammenhängen.
Ja, nur so und auch nur dann steht uns die Tür zur großen weiten Welt ganz weit offen.

Wenn es um Beziehungen und um Partner geht, ist mir jedoch aufgefallen, dass wir unglaublich viele Wünsche diesbezüglich haben.
So manche Vorstellungen und Erwartungen an einen Partner und an eine Beziehung sind derart weltfremd und überzogen, dass wir uns damit nur selbst im Weg stehen.

Wir wünschen uns einen sehr erfolgreichen Mann und dennoch soll er für uns unendlich viel Zeit haben!

Wir wünschen uns einen männlichen Mann und dennoch soll er bitte genauso in der Lage sein, mit uns ganz emotionale Themen zu besprechen.

Wir wünschen uns unseren Helden und eine starke Schulter an unserer Seite und dennoch soll er sich bitte sehr als ganz einfühlsam und sensibel erweisen.

Wir wollen einen gutaussehenden männlichen Mann und dennoch soll er keiner anderen auffallen oder andersherum.

Wenn er nach anderen Frauen schaut, fühlen wir uns sofort persönlich gekränkt. Dabei machen männliche Männer das hin und wieder einfach mal. Zusammen ist er ja mit dir!

U.s.w....

Nicht anders verhält es sich mit dem Geben und Nehmen in einer Beziehung.

So wünschen wir uns, dass er uns Komplimente macht und wir sind dann nicht einmal in der Lage, sie anzunehmen. Statt einem "Dankeschön" beschwichtigen wir sein Geschenk oder geben das Kompliment umgehend an ihn zurück.

Sollte er uns zum Essen einladen, dann möchten wir sofort darauf bestehen, beim nächsten Mal zu bezahlen.

Hat er uns etwas sehr Großes und Teures zum Geburtstag oder zu Weihnachten geschenkt, fühlen wir uns sofort im Zugzwang und bilden uns ein, wir müssten dagegenhalten.

Was für eine Ironie.

Dieser Mann, den die meisten Frauen sich als ihren Partner wünschen, muss leider noch erfunden werden.

Unsere Erwartungen einer Beziehung gegenüber scheinen oft nicht viel weniger groteske Auswüchse anzunehmen, als bei der Vorstellung unseres Traumpartners.

In einer Beziehung durchlaufen wir verschiedene Phasen.

In der Kennenlernphase ist der Himmel meist rosarot und himmelblau und die ganze Welt scheint voller Liebe zu sein.

Nach ca. 3 – 4 Monaten flachen die Schmetterlinge im Bauch etwas ab und es scheint sich schon ein klein wenig der Alltag einzuschleichen.

Nach einem halben Jahr bis Jahr verändert sich die Kommunikation und alles scheint zu einer Normalität und Selbstverständlichkeit zu werden.

Eine gewisse Routine beginnt sich in die Beziehung einzuschleichen.

Er trifft sich ganz gerne auch wieder mehr mit seinen Freunden. Vielleicht geht er auch wieder vermehrt seinem Hobby nach. Die Aufmerksamkeit und das Bedürfnis nach der Zweisamkeit scheinen sich gegen das Bedürfnis nach gewissen Freiräumen auszutauschen.

Selbst die SMS scheinen jetzt in einer gewissen Kürze und fehlenden Kuss – Smileys abgehandelt zu werden.

Viele Frauen haben mit dieser Routine ein großes Problem. Sie wünschen sich das aufregende Gefühl des „Frischverliebtseins" wieder zurück.

Wo ist der Mann hin, der uns damals so wunderbar erobert und begehrt hat? Derjenige, welcher keine Stunde seines Lebens ohne uns sein wollte?

Ein echtes Thema wird man mit der Routine in einer längeren Beziehung nur dann bekommen, wenn man sich in der Beziehung selbst vollkommen aufgibt und verliert.

Ja, dann wird man tatsächlich ein Problem mit seinem Wunsch nach mehr Freiheit und Unabhängigkeit innerhalb der Partnerschaft haben.

Hat auch dagegen die Frau sich weiter um ihr eigenes Leben, um ihre Freundschaften und Hobbys gekümmert, wird ihr dieser Wunsch nach mehr Bewegungsfreiheit sehr wohl entgegenkommen. Auch sie wird es genießen, hin und wieder mal alleine zu sein oder etwas mit anderen zu unternehmen.

Nur diejenigen, welche sich dieser Beziehung mit Leib und Seele vollkommen verschrieben haben, werden damit beginnen, sich einsam zu fühlen.

Alleine, zurückgelassen und einsam kommen jetzt die schrecklichsten Gefühle der Angst in ihnen hoch.

Aus diesen unliebsamen Angstgefühlen, dass er sie vielleicht nicht mehr will oder gar liebt, entsteht ein Gefühl der Wut und Verzweiflung.

Es beginnen die ersten panischen Rettungsversuche in Form von Vorwürfen, dass er sie wohl weniger liebe, als sie ihn. Langsam kriecht ein unerklärliches Gefühl der Eifersucht in die Frau, auf sein erfülltes und spaßiges Leben.

Er erlebt etwas, während sie schon wieder mal zu Hause sitzt und auf ihn wartet.

Ich will....ich wünsche mir, dass...es wäre so schön, wenn...ich bin traurig, dass...dein Verhalten und deine Abwesenheit kränken mich sehr...ich bin wütend auf dich...du liebst mich nicht mehr...du hast eine andere...ich hasse dich...bitte verlasse mich nicht...!!!

So oder so ähnlich können diese Dispute dann ablaufen. Und das nur, weil er sich selbst genauso liebt, wie dich.

Sollte er dann wirklich deinen Wünschen nachkommen und mit dir die Abende zu Hause verbringen, so werden an diese Abende dann noch höhere Erwartungen gestellt, als jemals zuvor.

Jetzt muss alles perfekt und ganz besonders schön und romantisch sein. Die Harmonie pur wird visualisiert. Die Vorstellung seiner feurigen Leidenschaft für dich und wie er jetzt ganz bestimmt gleich über dich herfallen wird, wächst ins Unermessliche.

Ein für ihn sehr stark fühlbarer Druck, dass jetzt Unvorstellbares von ihm erwartet und verlangt wird, wächst von Sekunde zu Sekunde.

Hier kann er dich nur noch enttäuschen. Denn deine Fantasie mit deinen Wunschvorstellungen hat deinen Partner längst schon überholt. Er hat nicht die geringste Chance, dem jetzt auch nur im Entferntesten entsprechen zu können.

Während sich bei dir die Frustration und Enttäuschung darüber immer deutlicher bemerkbar machen, dass es nicht annähernd so abläuft, wie du dir das gewünscht und vorgestellt hast, kämpft er mit seiner geknickten Männlichkeit.

Solche Szenen dürften sicherlich der einen oder anderen Leserin sehr bekannt sein.

Dass das hier nicht gut ausgehen kann, können wir uns sicherlich denken.

Es ist so wichtig, dass du von Anfang an ein Teil deiner Eigenständigkeit für dich bewahrst.

Selbst oder gerade ganz besonders während der Kennenlernphase macht dich das nur noch viel unwiderstehlicher.

Liebe dich immer ein klein wenig mehr als deinen Partner (dies gilt sogar für deine Kinder, Eltern, Freunde, einfach alle...du bist und bleibst der wichtigste Mensch in deinem Leben!)

Mache dich jeden Tag selbst glücklich.

Es ist nicht die Aufgabe von irgendjemand anderem. Einzig du alleine hast die Verantwortung für dich und dein Glück.

So frage ich mich, was denn an einem gemütlichen DVD-Abend auf dem Sofa zu Hause schlecht sein soll?

Was spricht dagegen, wenn man auch mal gemeinsam schweigt?

Was ist so schlimm daran, wenn jeder auch mal in der Stille ganz für sich seinen Gedanken nachgeht?

Beziehungen sind nicht immer nur von der puren Lebendigkeit erfüllt. Sie können und dürfen ganz einfach auch mal langweilig und gleichmäßig sein.

Daran ist nichts Schlimmes oder Verwerfliches.

Einzig unsere Erwartungen und Vorstellungen einer (perfekten) Beziehung sind es, die es verwerflich und schlimm aussehen lassen.

Erlerne für dich selbst, dich auch an den kleinen Glücksmomenten in deiner Partnerschaft zu erfreuen.

Bescheidenheit ist eine Tugend. Bescheidenheit heißt, auch die wahre Liebe genießen zu können.

Wie heißt es im Volksmund so schön:

„Der Spatz in der Hand ist besser, als die Taube auf dem Dach."

Sich ständig nur die Taube auf dem Dach zu wünschen, macht nur unglücklich und langfristig auch sehr einsam.

Es gibt nämlich nichts Schöneres, als um seiner selbst geliebt zu werden. Nicht die vielen Taten und Unternehmungen sind das Maß für die Liebe. Sondern auch einfach nur sein können, wie man ist und genau dafür geliebt zu werden bedeutet, die höchste Erfüllung der Liebe zu leben.

Solange die Basis der Liebe und des Vertrauens füreinander gegeben ist, ist auch die Phase der Gleichmäßigkeit eine ganz gut lebbare Phase.

Und wie das Wort schon sagt. Es handelt sich meist nur um eine Phase.

Phasen haben die Eigenschaft, sich abzuwechseln.

So folgt nach jedem Regen bekanntlich immer der Sonnenschein. Nach jedem Gewitter die klare und reine Luft. Nach jedem Kummer die Fröhlichkeit. Genauso nach jeder Ruhephase in einer Beziehung eben dann auch wieder die Leidenschaft und die Lebendigkeit.

Es gibt keinen Grund, das dann für bedenklich zu halten.

Bedenklich sind unsere Gedanken und unsere Einstellung dazu.

Solltest du es dennoch für bedenklich halten und sein vermehrtes Freiheitsbedürfnis als eine Krise für dich sehen, dann beginne die Veränderung bei dir selbst.

Nur du alleine hast die Macht, diese Situation wieder zu verändern.

Leider erwarten wir viel zu oft die Veränderung von unserem Partner. Wir fühlen uns missverstanden und zurückgewiesen.

Dabei könnten wir ihn doch ganz einfach mal mit einem außergewöhnlichen Essen überraschen.

Oder wir könnten unsere Frisur oder Haarfarbe einfach mal verändern.

Vielleicht könnten wir uns auch ein neues (sexy) Kleid kaufen und ihn damit überraschen?

Es gibt so viele unzählige Möglichkeiten, was wir tun können, um die Situation zu verändern.

Fangen wir bei uns an, hat diese Veränderung auch für uns einen riesigen Vorteil.

Unsere Gefühle für uns selbst und damit für unsere energetische Schwingung verändern sich ins Positive.

Auf einmal fühlen wir uns wieder wohler in unserer eigenen Haut. Das Gefühl unserer Weiblichkeit kommt zurück und verändert dadurch ganz plötzlich alles andere mit.

Denn fühlen wir uns um einiges weiblicher, so kann und wird der Partner sich auch tatsächlich wieder um einiges männlicher fühlen.

Das ist das Schöne daran. Wir brauchen nicht auf seine Veränderung zu warten und zu hoffen. Wir alleine haben die Macht zur Veränderung. Herrlich!!!

Ich persönlich genieße ein heißes Bad, eine Gesichts- und Haarmaske bei schöner Musik unglaublich gerne für mich alleine. Das ist dann meine Zeit nur für mich selbst.

Wenn ich die Zeit und die Möglichkeit dazu habe, lasse ich mich auch sehr gerne in einem Wellnesstempel gemeinsam mit meinen Freundinnen verwöhnen.

Meine Hände und Füße mal wieder richtig zu pflegen und zu verwöhnen gehört ebenso zu meinen ganz persönlichen Auszeiten für mich.

Wenn ich dann das alles für mich sehr genossen habe und wieder nach Hause komme, sind meine Entspannung und mein Wohlfühlen auch für meinen Partner ganz deutlich fühlbar.

Er fühlt sich dadurch so magisch in meinen Bann gezogen, dass er unter Garantie jetzt all seine Zeit mit mir verbringen möchte.

Oder wenn er weg ist und einen Abend mit seinen Freunden geplant hat, dann weiß er, dass er sich keine Gedanken über mich machen muss. Er weiß, dass ich mich selbst so sehr liebe, dass mir für mich nur das Beste einfallen wird, während er unterwegs ist.

Damit hat er auch absolut recht. Jede Zeit für mich selbst ist ein ebenso großes Geschenk für mich, wie die Zeit mit ihm zusammen.

Die gesunde Mischung und Abwechslung sorgt auch für eine lebendige Abwechslung in unserer Beziehung.

Andere Dinge halte ich für wesentlich wichtiger, als ständig alles gemeinsam machen zu müssen.

Seine Treue, seine Zuverlässigkeit, seine Beständigkeit, seine Ausgeglichenheit und gute Laune (für die er im Übrigen immer selbst verantwortlich ist und nicht ich), seine Ordentlichkeit, seine innere Ordnung, seine Männlichkeit und seine Liebe zu mir sind für mich die Prinzipien, die mir geradezu elementar (=lebensnotwenig) wichtig sind. Nicht weil diese Eigenschaften für mein Überleben sorgen. Sondern weil sie für das Überleben unserer Beziehung sorgen.

Alles das weiß er auch. Das war mit das erste, was er während des Kennenlernens über mich erfahren durfte.

Meine ganz persönliche Gebrauchsanweisung über mich und meine Prinzipien.

Es ist nicht nötig, dass er mich immer und in allen Punkten versteht und Verständnis für mich hat.

Ich will das eben ganz einfach so, weil ich die Frau und damit die Prinzessin in unserer Beziehung bin.

Deshalb rechtfertige ich mich auch ganz selten zu dem, was ich tue oder lasse. Es ist wie es ist. Er braucht es wirklich nicht zu verstehen, denn es ist nun mal etwas typisch Weibliches und hat absolut nichts mit ihm zu tun.

Es reicht, wenn er weiß, was ich liebe und er mir damit eine Freude macht. Verstehen muss er nicht, warum ich das liebe, was ich liebe.

Ich bin halt eine Frau und weiß selbst nicht ganz genau, warum ich was liebe.

Ich tue es einfach und da er mich liebt darf er mich damit beglücken und glücklich machen.

Und es funktioniert ganz wunderbar so.

Und dafür liebe ich mich und ihn auch!!!☺ (Auch wenn ich mich noch ein kleines bisschen mehr liebe☺)

Seelenpartnerschaften und unsere weltlichen Urinstinkte:

"Die Frage heute ist, wie man die Menschheit überreden kann, in ihr eigenes Überleben einzuwilligen"

Bertram Earl Russell

Das Zitat von B.E. Russell könnte heute auch folgendermaßen lauten:
"Die Frage heute ist, wie man die Frau und den Mann dazu bekommt, auch in die Kombination ihrer Seelenverträge und Urinstinkte einzuwilligen???"

Ja, es gibt unsere Seelenverabredungen mit anderen Seelen.
Ja, es gibt unsere ganz persönlichen Seelenhelfer und unsere Seelenpartner.
Wir alle sind einer höheren Energie unterstellt und haben jeder für sich unseren ganz eigenen Seelenplan.

Seelenpartner und eine Seelenliebe berühren uns meist weit mehr, als die Begegnungen mit unseren Seelenhelfern.
Es ist eine Liebe der besonders zugetanen Art und Weise.
Diese Liebe zu unserem Seelenpartner scheint eine Liebe der ganz außergewöhnlichen Magie zu sein.
Wenn wir unserem Seelenpartner begegnen, dann fühlen wir diese Magie sofort und auf der Stelle in den ersten Sekunden unserer Begegnung.
Es findet eine Wiedererkennung statt. Diese Wiedererkennung ist meist nicht mit irgendeinem weltlichen Wort zu beschreiben.
Man weiß es einfach, dass uns jetzt etwas ganz besonderes wiederfahren ist.
Ein tiefes inneres Wissen und unsere innere Stimme scheinen uns dieses Wissen in Form von unseren Gefühlen abzurufen.
Gefühle, die fremd und unbekannt und uns auf diese Weise noch nie so begegnet sind.

Wenngleich wir viele verschiedene Seelenpartner und Seelen-verabredungen haben, ist dieses Wiedererkennen zweier See-len immer wieder aufs Neue ein atemberaubendes Erlebnis.

Es scheint uns nicht nur den Atem im sprichwörtlichen Sinne zu rauben. Es scheint auch einer tatsächlichen Atemnot gleichzukommen, wenn wir diese Seelenpartnerschaft nicht leben würden.

In der Tat ist es auch so. Wenn unsere Seelenpartner in diese Beziehung nicht einwilligen, würde uns tatsächlich ein Stück von uns selbst fehlen. Die in uns gefühlte Leere ohne unseren Seelenpartner macht uns ein Vergessen und Loslösen von selbigem so gut wie unmöglich.

Tag und Nacht werden wir an ihn und unseren Seelenvertrag mit ihm erinnert.

Jeder Gedanke, jedes Gefühl und jede Energie gehören von dem Moment der Wiedererkennung an nur noch unserem Seelenpartner.

Leider haben sich nicht alle Seelen für eine reibungslose Zu-sammenkunft und Seelenpartnerschaft entschieden.

Die meisten verabreden sich, um sich selbst noch irgendwel-chen Lernaufgaben stellen zu müssen.

Denn für das Lernen und eine Veränderung ist der Mensch leider immer erst in unendlichem Leid bereit.

Nur wenn der Mensch nicht immer gleich bekommt, was er will, liebt und sich wünscht, wird er anfangen, zu denken. Erst dann wird er bereit sein, sich mit sich selbst und damit mit sei-ner Selbstliebe zu beschäftigen.

Deshalb bekommen wir in den allermeisten Seelenverabre-dungen die Aufgabe der Selbstfindung und Selbstliebe zu uns.

Manche Seelen brauchen dafür etwas länger, als andere und deshalb kommen mehrere Seelenpartner in unser Leben.

Andere verstehen sehr schnell, dass es nur um sie selbst geht und lernen in rasantem Tempo, dass sie und nur sie alleine der Schlüssel zum eigenen Glück sind.

Viele Jahrzehnte früher, weit vor der Emanzipation, konnten wir uns bei dem Annehmen unserer Lernaufgaben noch sehr gut auf unsere Urinstinkte verlassen.

Durch die heutigen Rollenverschiebungen zwingen wir unsere Urinstinkte in die Knie, übergehen sie achtlos und scheitern dann doch jäh an unseren Lernaufgaben.

Statt der erfüllten Liebe und Beziehung mit unserem Seelen-partner, scheinen unsere Lernaufgaben überhaupt kein Ende mehr zu nehmen.

Seelenpartner kommen und gehen und hinterlassen bei ihrem Gehen unaussprechlich großen Kummer und Schmerz in uns.

Ratlos und verwirrt über dieses unerklärliche Verhalten unse-res Seelenpartners, bleiben wir in unserem Liebeskummer und Liebesentzug alleine und verlassen zurück.

Wie konnte es nur zu solchen Missverständnissen und einer solchen Verwirrung kommen?

Die Gefühle waren doch auf beiden Seiten gleichermaßen vorhanden.

Auch sein Interesse an dir und seine Gefühle dir gegenüber konnten unmöglich nur gespielt sein.

Das waren sie in der Tat auch nicht.

Auch für einen Mann/Seelenpartner sind diese einzigartigen und unerklärbar schönen Gefühle für dich vorhanden.

Im Grunde sind diese Gefühle auch dann noch vorhanden, wenn er auf Abstand und Distanz zu dir geht. Selbst dann noch, wenn er droht, für immer aus deinem Leben gehen zu wollen.

Das Problem liegt nämlich nicht bei den mangelnden Gefühlen füreinander. Vielmehr ist es das Thema der Urinstinkte und der vereinbarten Lernaufgaben miteinander.

Eigentlich war es sehr lange auch überhaupt kein Thema. So-lange nicht, bis die Emanzipation auch in die Liebe den Einzug gehalten hat.

Unsere Urinstinkte und unsere Seelenverabredungen stehen sich im Grunde nicht im Geringsten im Weg oder laufen gegeneinander.

Ganz im Gegenteil!

Unsere Urinstinkte und unser Seelenplan gehen Hand in Hand miteinander.

Nur die rein weltliche Gesellschaftsform hat den beiden einen Strich durch die Rechnung gemacht.

Um unsere Seelenpartnerschaften auf Biegen und Brechen leben zu können, nötigen wir unsere Urinstinkte, zu schwei-gen.

Jede Frau weiß ganz tief in ihrem Herzen ganz genau, dass sie eine wahre Prinzessin ist.

So wie jeder Mann in seinem tiefsten Inneren weiß, dass er der Jäger und der Beschützer der Frau ist.

Unsere Hoffnungen, unser starker Wille, ihn unbedingt jetzt haben zu wollen, machen uns blind für das, was sich direkt vor unseren Augen abspielt.
Wenn wir etwas oder irgendjemanden zu sehr wollen, verschließen wir uns der Liebe, mit der wir auf unserem Seelenplan für eine Beziehung verabredet sind.
Durch unser verbissenes Festhalten an jemandem manipulieren wir unser Schicksal/Seelenplan und verlieren das Wesentliche, nämlich die Liebe, vollkommen aus den Augen.

Wenn es einzig und alleine nur unsere Seelenverabredungen und unseren Seelenplan gäbe, wären wir in der Abhängigkeit der Liebe gefangen. Wir wären somit vollkommen ausgeliefert.
Die Kombination von unserem Seelenplan und unseren Urinstinkten ermöglicht uns, auch einen Stolz für uns zu empfinden. Unsere Urinstinkte alleine ermöglichen uns auch, tapfer und mutig zu sein und für uns selbst einzustehen. Wir können unsere eigenen Grenzen fühlen und uns dann immer wieder selbst ein wenig mehr lieben, als den Seelenpartner.
Unsere Wahrnehmung, wann und wie wir für uns selbst einstehen sollten, wird sich immer dann zeigen, sobald wir uns selbst wieder etwas mehr lieben sollten, als die anderen (Seelenpartner).

Die meisten Seelenverabredungen und Seelenpartnerschaften dienen heutzutage nur dazu, ganz genau diese unsere Urinstinkte wieder in uns lebendig zu machen.
Unser Seelenplan wird uns somit solange von unserer erfüllenden Seelenpartnerschaft abhalten, bis wir endlich wieder bereit dazu sind, unsere Urinstinkte ebenfalls zu leben.
Erst wenn die Frau wieder ganz die Frau ist und alle ihre weiblichen Instinkte lebt, wird sie die Erfüllung bekommen, nach der sie sich schon so lange sehnt.
Erst wenn der Mann wieder ganz der Mann ist und seine männlichen Instinkte lebt, wird auch er ebenfalls seine wahre Erfüllung in der Liebe finden und bekommen.
Bis dahin werden sich die Szenen, die Ereignisse, die Erfahrungen und die Situationen so lange wiederholen müssen, bis

diese Lern- und Lebensaufgabe auch voll und ganz verinnerlicht wurde und vollzogen ist.

Völlig vom Weg abgekommen lebt die Frau die Rolle des Mannes (=Jäger und Beschützer) und der Mann die Rolle der Frau (=Prinzessin und Nehmender).

Es wird höchste Zeit für die Umkehr. Wir alle sind mehr als reif dafür.
Setzen wir dem unerfüllten Wunsch nach der Liebe und Partnerschaft endlich ein Ende.
Lassen wir weitersteigende Single- und Scheidungsraten nicht länger zu.

Der einzige Grund, warum wir uns vermenschlicht haben, ist die Liebe.
Wir sind in unseren Entstehungsenergien einst die reine Liebe gewesen. Die Liebe ist für unser Überleben elementar wichtig.
Ohne die Liebe, gäbe es kein Leben.
Ohne unsere Seelenverabredungen und Seelenpartner, wüssten wir nicht einmal, wen wir lieben sollen.
Ohne unsere Seelenpläne wüssten wir nicht, wohin wir gehen sollen und was wir hier in unserem Leben wollen und was nicht.
Wir wären vollkommen ziel- und planlos.

Deshalb wünsche ich mir nichts mehr, als dass wir uns wieder auf unsere Urinstinkte berufen und auch ihnen mit Hilfe unseres Seelenvertrages Gehör schenken.

Körper, Geist und Seele müssen im Einklang miteinander schwingen.
Wenn nur eines dieser drei Teile fehlt, entsteht ein Ungleichgewicht mit tragischen Folgen.

Die Seele schenkt uns die Liebe und das Wiedersehen mit unserem Seelenpartner.
Der Geist steuert unsere Urinstinkte und der Körper ist unser Instrument für das weltliche Ausleben dieser Elemente.

Ohne die Seele wüsste der Geist nicht, mit wem er sich vereinen sollte!

Ohne den Geist wüsste die Seele nicht, wie diese Vereinigung auf spielerische Art und Weise gelingen sollte.

Und ohne unseren Körper wäre eine weltliche Vereinigung praktisch unmöglich.

Vereine auch du deine drei Elemente wieder miteinander.

Keines der drei ist geringer, als das andere.

Erlerne das Erfühlen deiner Urinstinkte wieder.

Lass auch dieses einen festen Bestandteil deiner selbst werden.

Sicher wird der Anfang etwas holpriger sein.

Doch mit der Zeit wirst du es mehr und mehr lieben.

Denn du wirst ganz deutlich spüren, dass du dich ganz bewusst für eine weibliche Inkarnation entschieden hast.

Dir war mehr als nur klar, dass du in diesem Leben die Prinzessin sein möchtest.

Lass sie leben und erlebe deine Veränderung dann auch in deiner Beziehung, in deiner Kennenlernphase und somit bis in alle Ewigkeit.

Dass Veränderungen leicht vonstattengehen, hat keiner behauptet.

Sicherlich gilt es, den einen oder anderen Schmerz auszuhalten und durchzustehen.

Doch was ist dieser momentane Schmerz jetzt im Vergleich zu einem Schmerz der immer wiederkehrenden Art? Dem Schmerz ohne Ende!!!

Getreu dem Motto:

Augen zu und durch!!!

Dafür wirst du für den Rest deines jetzigen Lebens die wahre Siegerin der Liebe sein.

Beginne mit dir und deiner Liebe zu dir.

Denn aller Anfang liegt in dir.

Damit wirst du deinen momentanen Schmerz auch sicher be-
deutend lindern können.

Deine Aufgabe ist es, dich jeden Tag aufs Neue selbst glücklich zu machen. Erst dann kann dein Seelenpartner dich ebenfalls glücklich machen.

(und glaube mir bitte, keiner wird sich über deine Veränderung
in deine Weiblichkeit und in deine Selbstliebe mehr freuen, als
dein Seelenpartner☺)

Empfehlung und der schnellste und effektivste Weg in deine
Selbstliebe ist das Selbstliebeprogramm. ISBN: 978-3-943729-
37-5

Du musst dich nicht verbiegen, um dich selbst zu leben:

"Schön ist eigentlich alles, was man mit Liebe betrachtet"
Christian Morgenstern

Wie man so schön und sprichwörtlich sagt, liegt die wahre Schönheit im Auge des Betrachters!

Es gibt eine Sage, in der sich die griechischen Götter gelangweilt haben sollen.
Um ihre Langeweile zu bekämpfen, haben sie die Menschen erfunden.
Leider war ihnen immer noch langweilig und so haben sie die Liebe erfunden.
Jetzt war ihnen nicht mehr langweilig. Im Gegenteil! Die Liebe hat sie so neugierig gemacht, dass sie sie selbst ausprobieren wollten.
So mussten sie das Lachen noch erfinden, um die Liebe dann aushalten zu können.

Das Lachen ist eines unserer wichtigsten Überlebensmechanismen.
Durch das Lachen wird -ganz genau, wie während des Orgasmus- das Verliebtheitshormon Oxytocin freigesetzt.
Lachen lässt uns von innen heraus schön und unwiderstehlich sein.
Lachen ist die Magie und der Zauber der Liebe!

Ein lachender und fröhlicher Mensch ist für andere Menschen ein wahres Geschenk.

Zur Liebe (Selbstliebe) gehören das Vertrauen (Selbstvertrauen), die Selbstbestimmtheit und das Lachen genauso dazu, wie unser Sauerstoff, das Wasser, die Erde und das Feuer.

Es sind genauso elementare Bestandteile, wie die Elemente der Natur.
Nur so kann sich alles im Gleichgewicht und im Einklang in der vollkommenen Harmonie miteinander vereinigen.

Alle diese Elemente sind uns von Natur aus bereits in die Wiege gelegt worden.
Jedes davon ist unersetzlich und unverzichtbar für uns.

Ein lachender und humorvoller Mann signalisiert und schenkt uns Frauen Vertrauen und Geborgenheit.

Leider benutzen wir diese angeborene Fähigkeit des Lachens viel zu selten.
Dabei kann uns das Lachen über so viele schlimme Dinge hinweghelfen. Ja, mit dem Lachen können wir uns selbst heilen.

Paare, die nicht mehr miteinander lachen können, haben die Liebe für sich verloren. Hier wird es eine Frage der Zeit sein, bis es zu einer Krise bzw. vielleicht sogar zu einer Trennung kommt.

Lachen gehört auch zu den weiblichsten Eigenschaften, die wir uns überhaupt vorstellen können.
Jeder Mann wird eine fröhliche und humorvolle Frau einer anderen Frau vorziehen.

Das Schöne daran ist, dass du es nicht erlernen musst. Du kannst es einfach. Es ist alles da. Du musst dir über dieses Geschenk ganz einfach nur wieder bewusst werden. Das ist alles.

Viele Frauen verlieren ihr Lachen (und damit ihre Anziehungskraft) besonders dann aus dem Fokus, wenn es um das Thema der Liebe geht.
Sobald sich die ersten Hürden zeigen, neigen manche Frauen dazu, sich eher in ihr Selbstmitleid und in ihr Opferdasein zurückzuziehen.

Dabei wäre es genau dann so wichtig, sich quasi paradoxerweise dem Überlebens - Basic, dem Lachen, zuzuwenden und zu bedienen.

Um dich selbst leben zu können, ist bereits für alles in dir gesorgt. Du musst dich nicht verbiegen, um dich selbst zu leben. Es muss lediglich wieder aktiviert werden, das ist alles.

Stattdessen neigt man dazu, in das Wollen und Brauchen abzudriften.
In Wahrheit brauchen wir aber nur die vier Elemente der Natur und die vier Elemente der Liebe und sonst nichts.

Das unbedingte Wollen lässt und blind für das, was bereits da ist, werden.

Warum willst du die Liebe vom Außen bekommen, wenn du doch bereits die Liebe selbst bist?

Warum brauchst du immer mehr davon, wenn alles doch bereits in Hülle und Fülle vorhanden ist?

Es ist deine Sicht auf die Dinge, die dich nicht erkennen lässt, wie wunderbar und vollkommen du schon längst bist und es schon immer warst!

Einzig und allein deine Vorstellung macht aus dir einen „Bettler" in deinem Leben.

Dennoch erwarten wir von anderen, dass sie uns lieben und als vollkommen betrachten sollen.

Im Grunde genommen ist das Leben ein nie enden wollender Traum. Eine Illusion unserer Vorstellungskraft. In der wir uns aus Unwissenheit über unsere Basis-Elemente leider meist mehr gefangen als frei fühlen.
Das Leben gestaltet sich dann wie ein einziger, nie enden wollender Alptraum.
In Wirklichkeit sind es deine Erwartungen, Hoffnungen und deine Sicht auf die Dinge, die das Leben zum Alptraum machen.

Deine Wünsche, deine Vorstellungen, dein Denken und Fühlen können dich entweder zu einem Gefangenen deiner Emotionen machen oder aber auch zu einem Freigeist deiner selbst.

Um ein Freigeist deiner Natur zu sein, musst du dich nicht neu erfinden.
Dein Naturell entspringt aus deiner Weiblichkeit.
Weiblich zu sein bedeutet, sich der Göttin in dir bewusst zu sein.
Bekenne dich zu deiner wahren Ursprungsenergie, aus der du entstanden bist.

Zart wie der Duft einer Rose!
Verführerisch wie eine verbotene Frucht!
Schön wie der Morgentau auf einer Blumenwiese!
Geheimnisvoll wie ein verschlossenes Buch!
Unwiderstehlich wie die Süße des Lebens!
Einzigartig wie ein Fingerabdruck!
Unvergleichlich in deiner Art!
Begehrenswert und unerreichbar, außer für die wahre Liebe!

Das alles und noch unzählige Eigenschaften mehr bist du in deiner Weiblichkeit.
Eigenschaften, die du nicht kreieren oder gar schauspielern musst.
All das ist dir geschenkt worden und all das ist es, was uns Frauen von den Männern unterscheidet.
Da Männer alle diese besonderen Eigenschaften nicht besitzen, sehnen sich ihre Herzen unendlich danach.
Erst eine weibliche Frau besitzt die Fähigkeit, einen männlichen Mann mit allen ihren angeborenen Eigenschaften zu vervollständigen.
Komplett und Vollständig werden wir Menschen uns immer dann erst fühlen können, wenn wir uns mit unseren Gegensätzen in Liebe vereinen.
Ohne dass wir uns dem ständigen Kampf einer Veränderung unserer gegensätzlichen Naturelle ausliefern.
Ein Mann darf männlich sein und bleiben. Seine Männlichkeit wird bewundert, geschätzt und gewünscht.

Eine Frau darf weiblich sein und bleiben. Ihre Weiblichkeit wird gleichermaßen bewundert, geschätzt und gewünscht.

Das verrückte daran ist, dass die Männer die Frauen tatsächlich weiblich sein lassen.
Sie versuchen nicht, uns ständig zu verändern. Im Gegenteil! Indem sie ihre Männlichkeit noch ausdrucksstärker leben, machen sie uns das Geschenk unserer Weiblichkeit immer wieder aufs Neue.

Einzig wir Frauen wollen einen Mann ständig verändern. Solange, bis wir aus ihm die perfekte Frau gemacht haben und dann wollen wir ihn nicht mehr.

Für die Männer sind wir Frauen die Göttinnen. Nur die Frauen selbst können das in sich nicht mehr erkennen.
Stattdessen mutieren wir Frauen zum Bettler der Liebe.
Was du selbst bist, musst du aber bei keinem erbetteln.

Erst wenn alle deine weiblichen Eigenschaften im Glanz ihrer Wiedergeburt in dir gelebt werden, kommt die wahre Liebe auch von außen zu dir.
Rein und weiß lebst du die Liebe zu deiner Weiblichkeit. Unschuldig und sinnlich zugleich, genießt du das Begehren der Männer nach dir.
Süchtig nach ihren Eroberungskünsten lehnst du dich als der Beobachter der Szene entspannt zurück.
Genüsslich lässt du dich verwöhnen und beschenken, ohne selbst etwas zu geben.
Verführerisch spielst du mit deinen weiblichen Reizen, ohne dabei ein bestimmtes Ziel zu verfolgen.
Wissend um deine weibliche Anziehungskraft, lebst du deine Weiblichkeit in Bescheidenheit aus.
Im Bewusstsein der Magie deines Lachens, schenkst du deinem Auftreten damit seine ganz besondere Würze.
Spielerisch unterstreichst du deine Persönlichkeit zusätzlich mit deiner kindlichen Weiblichkeit.
Ja, deine gesamte Erscheinung ist ein Bild vollkommener Weiblichkeit.
Alles, ob es dein weiblicher Körper ist, deine weiblichen Gesichtszüge, deine Hände, deine Beine, deine Haare, usw. und

natürlich alle deine weiblichen Eigenschaften, du bist eine wahre Göttin (auch speziell für die Männer).

Es gibt nichts an dir, das nicht perfekt wäre. Solltest du das anders sehen, dann nur deshalb, weil du es so sehen willst.

Es gibt nichts, was nicht liebenswert an dir ist. Solltest du das anders sehen, dann nur, weil du es so sehen willst.

Es gibt nichts an dir, das nicht begehrenswert ist. Solltest du das anders sehen, dann nur, weil du es so sehen willst.

Es gibt nichts, das nicht weiblich genug ist an dir. Solltest du das anders sehen, dann nur, weil du es so sehen willst.

Einzig deine Sicht auf dich selbst macht dich zu dem, was die anderen dann auch in dir sehen werden.

Solltest du von deiner Weiblichkeit nicht voll und ganz überzeigt sein, ok, dann ist es so. Dann darfst du aber auch nicht jammern, wenn auch die anderen nicht ganz von dir überzeugt sind.

Wenn es dir nicht gelingt, dich so anzunehmen und selbst so zu lieben, wie du bist, dann brauchst du dich nicht zu wundern, wenn auch alle anderen dich nicht lieben und annehmen werden, so wie du bist.

Solltest du versehentlich zu einem Clochard (Bettler) der Liebe von deinem Partner oder einem Mann geworden sein, dann brauchst du dich nicht zu wundern, dass er nicht mehr als nur den Clochard in dir erkennen kann und er dich dann lediglich mit ein paar Centstücken beschenkt. Jedoch ihn wirst du in diesem Zustand niemals bekommen können.

Ich flehe dich an...ich bettle dich an, lebe endlich wieder deine Göttin in dir. Tu es nicht nur für dich, sondern auch für mich und all die anderen Frauen auf diesem Planeten.

Wir alle haben es verdient, dass man uns so behandelt, wie wir uns selbst behandeln.

Mit Stolz, mit Würde, mit Respekt, mit Anerkennung, mit Treue, mit Verehrung, mit Hingabe, mit Beständigkeit, mit Zuverlässigkeit, mit Gefühl und mit unendlicher Liebe für unser eigenes Ich.

Überlassen wir den Männern wieder ihren Part der Eroberung.
Überlassen wir ihm das Jagen und das Erlegen.

Lassen wir ihn sein Spiel genau so spielen, wie wir unser Spiel der wilden und unberechenbaren Beute spielen.

Mal zugänglich, mal neugierig, mal ängstlich, mal temperamentvoll, mal wild und ungezähmt und dann wieder ganz scheu und schüchtern.

Zeigen wir wieder unseren wahren Wert des Schatzes, der wir nun eben einmal von Natur aus sind.

Keine Frau auf dieser Welt hat es jemals nötig, einem Mann hinterherzulaufen und sie wird es auch niemals nötig haben.

Es sei denn, es entspricht ihrer Sicht auf sich selbst?

Das Angebot bestimmt die Nachfrage:

Eine weibliche Frau ist heute (leider) nur noch sehr selten im Angebot. Deshalb besteht für diese Frauen eine extrem hohe Nachfrage.

Eine rollenverschobene Frau gibt es sehr viel im Angebot. Deshalb besteht hier auch nur eine ganz geringe Nachfrage.

Entscheide dich, zu welcher Art der Frau du gehören willst?

Lebe nicht länger in der Selbstverleugnung deiner wahren, weiblichen Bedürfnisse.

Jede Zeit ist deine Zeit und somit ein Geschenk.

Während du dem Mann die Zeit schenkst, um die Welt zu retten und dich in allen seinen männlichen Künsten zu erobern, beschenke dich zeitgleich mit deinem wahren Naturell deiner Weiblichkeit.

Mache alles, was wir Frauen so leidenschaftlich gerne tun.

Einkaufen gehen, sich mit Freundinnen treffen, Maniküre, Pediküre, Friseur, Gesichtspflege, Sport, uvm…

Was auch immer dir Spaß macht, es wird das Richtige für dich sein.

Lerne eine andere Sprache, bilde dich beruflich weiter, werde zum Superstar. Auch das sind ganz typisch weibliche Eigenschaften.

Nur wenn es um die Liebe zwischen Mann und Frau geht, sollte jeder der Star in seiner Ursprungsrolle sein dürfen.

Zitate:

Solange der Mensch sich auf andere verlässt, verlassen ihn die anderen!

Friedrich Fröbel

Glücklich ist der Mensch, der den Zusammenhang mit allem Lebendigen fühlt und deshalb das Leben und die Menschen liebt!

Albert Schweitzer

Wer Menschen anbetet, verarmt!

Lisa Wenger

Wer sucht, findet nicht, aber wer nicht sucht, wird gefunden!

Franz Kafka

Viele Frauen können nur schenken, aber nicht geben. Auch in eigener Sache: sie verschenken sich selbst!

Carl Hagemann

Manches Schenken macht den Beschenkten ärmer!

Franz Slovencik

Die Frau ist immer entweder eine Königin oder eine Sklavin!

Hermann Klens

Online-Dating:

"Die Freude kann enden im Leid"

Sprüche 14,13

Zum Online-Dating muss ich eigentlich auch die sozialen Netzwerke dazuzählen.
Auch in Facebook und anderen Internetplattformen spielen sich das Kennenlernen und Ansprechen zwischen Mann und Frau ab.
Das Thema ist hier leider, dass es eine sehr undurchsichtige Sache für eine Frau ist.
Eine Frau, die wirklich einen Mann kennenlernen möchte, um in eine feste Beziehung mit ihm zu gehen, wird es sehr schwierig haben, hier die Spreu vom Weizen trennen zu können.

Heutzutage sind solche Plattformen gang und gäbe und gehören mit zu den beliebtesten Dating – Möglichkeiten.
Aus meiner Praxiserfahrung konnte ich feststellen, dass sich die Frauen und ganz besonders die jüngeren unter ihnen sehr schnell zu eindeutig zweideutigen Handlungen hinreißen lassen.

Männer wissen mittlerweile sehr gut, was Frauen hören wollen.
Sie erkennen eine bedürftige Frau, welche ganz offensichtlich schon längere Zeit single ist, sofort.
Mit dem ganzen Einsatz ihres Charmes bezirzen sie die Frauen solange, bis diese tatsächlich zu einem Treffen bereit sind.
Doch bevor es zu so einem Treffen kommt, klären sie meist im Vorfeld schon mal ab, wie weit sie bei der Frau gehen können.
Nach einem längeren und sehr regen Austausch von wunderschönen Worten und liebevollen Nachrichten, wünschen sie sich natürlich auch Bilder von der Frau.
Es gibt mehr Frauen, als man sich vorstellen kann, welche sich auf solche Aufforderungen eines Mannes einlassen.
Selbstverständlich schickt der Mann dann auch Bilder von sich.

Der Kontakt intensiviert sich und die Nachrichten werden immer eindeutiger. Eine gewisse Erotik scheint sich langsam aber sicher zwischen beiden aufzubauen.

So werden dann auch die Bilder immer eindeutiger.

Und je nach Stimmung, Uhrzeit, Tagesform und wachsender Vertrautheit werden die Bilder und Nachrichten immer freizügiger.

Auch hier kann sich die Frau bereits durch einen sehr regen und liebevollen Kontaktaustausch schneller zu einem Mann hingezogen fühlen, als ihr lieb ist.

Ganz plötzlich gehören die Nachrichten und Bilder schon zu einem festen Bestandteil des Lebens und es würde etwas fehlen, wenn er plötzlich nicht mehr schreiben würde.

Alles kann durch solch einfache Möglichkeiten der Kontaktaufnahme hier sehr schnell gehen. Ehe man sich`s versieht, befindet sich die Frau schon in größter Verwirrung über alle diese Ereignisse.

Merkwürdig ist dann nur, nachdem man diesem Mann seine tiefsten Bedürfnisse und u.U. auch sehr erotische Bilder geschickt hat, es immer noch nicht zu einem Treffen zwischen den beiden kommt.

Eigentlich ist ganz klar, was hier passiert ist, wenn man dieses Buch sehr aufmerksam gelesen hat.

Abermals war der Mann in seiner fremdbestimmten Testphase gefangen. Abermals musste er für sich herausfinden, ob es sich hier um einen wahren Schatz handelt oder nur um die Möglichkeit für eine schnelle Nummer.

Deshalb liegt es mir wirklich sehr am Herzen, auch auf diese Missstände in solchen Plattformen aufmerksam zu machen.

Eine Prinzessin, welche um ihren Wert weiß und das Göttliche in sich lebt, wird nie und nimmer auf so etwas Erniedrigendes eingehen. Niemals und unter gar keinen Umständen!!!

Selbst bei dem ersten Date mit einem Unbekannten hat die Frau alles Recht dazu, sich unter Mitnahme ihrer Freundin abzusichern.

Man bedenke, dass alle Frauen Angst vor einem Überfall haben und dennoch gehen sie ganz sorglos zu einem Blind-Date.

Auch hier solltest du dich bitte besonders geben und deinen Wert schon beim Schreiben erkenntlich machen.

Auch hier bist niemals du diejenige, welche nach einem Treffen fragt. Entweder der Mann macht das oder eben nicht.

Dann ist das sein Pech!

Gehe immer davon aus, dass ein Mann auf solchen Plattformen mehrgleisig fährt. Vielleicht ist er sogar in einer festen Beziehung oder gar verheiratet und nur auf der Suche nach einem Abenteuer.

Deine Bedenken ihm gegenüber sind hier also durchaus berechtigt und angebracht.

Diese darfst du selbstverständlich auch ganz klar und selbstbewusst äußern.

Es muss ja nicht gleich beim ersten, zweiten oder dritten Kontakt sein. Aber sobald er sich immer eindeutiger in seinem Interesse an dir zeigt, dann ist es an der Zeit, das für dich abzuklären.

Dich gibt es nämlich nur ganz oder gar nicht, persönlich oder gar nicht, ungebunden oder gar nicht.

Das sollte zu deinen festen Prinzipien gehören, wenn du dich auf diesen Portalen bewegst.

Solltest du natürlich der Frauentyp sein, der auf One-Night-Stands aus ist, dann kannst du da natürlich sehr gerne mitmachen und es genießen.

In jedem Leben gibt es vermutlich eine Phase, in der man den Sex als eine Art der höchsten Befriedigung und zur Erhöhung der eigenen Lebensqualität sieht.

Dagegen ist auch nicht das Geringste einzuwenden. Solange allen Beteiligten die Regeln ganz klar sind.

Sollten sich aber dann doch irgendwann die Gefühle bei dem ein oder anderen mit einschleichen, dann sollte man sofort ganz offen damit umgehen.

Fatal wäre es, wenn man sich dann in der Hoffnung verliert, dass der andere das bitte irgendwann genauso sieht bzw. fühlt.

Natürlich können aus den anfänglichen One-Night-Stands tatsächlich die schönsten Liebesgeschichten entstehen.

Sobald sich zwei Menschen miteinander vereint haben, kann es selbstverständlich auch mal zu einem Happy End und einer glücklichen Beziehung kommen.

Doch ich will ganz ehrlich mit dir sein. Solche Fälle sind eher selten.

Was es dafür häufiger und immer mehr gibt, sind Beziehungen mit ganz erheblichem Altersunterschied.

Dass ältere Männer jüngere Frauen haben, ist in unserer Gesellschaft mittlerweile schon etwas ganz normales.

Aber andersherum ist es noch ein gewaltiges Tabuthema.

Wobei es immer mehr Paare gibt, die ihre Beziehung mit ihrem großen Altersunterschied ganz leise, still und heimlich leben.

Dabei leben uns das doch sogar die ganz berühmten Stars wie Heidi Klum, Madonna uvm. vor.

Es wird auch hier höchste Zeit für eine größere Toleranz der Liebe gegenüber.

Schließlich ist es ganz egal, wie alt jemand ist. Lieben tun wir alle gleich leidenschaftlich, stark und intensiv.

Solange du auch hier in dieser Beziehung die Prinzessin bist und ihn ganz Mann sein lässt, gibt es nichts, was dagegenspricht.

Allerdings ist es hier ganz besonders wichtig, darauf zu achten, nicht versehentlich in die Mutterrolle zu rutschen. Oder den jungen Mann mit Geschenken oder mit Geld zu überhäufen.

Unabhängig vom Alter gelten immer und überall unsere urinstinktiven Rollen und diese gilt es, zu leben in jedem Alter, zu jeder Zeit und in jedem Augenblick der wahren Liebe!!!

Ich verabschiede mich mit einer ganz herzlichen und innigen Umarmung bei euch, meinen wundervollen Mitprinzessinnen.

Auf dass wir uns lieben für unsere Weiblichkeit und diese auch leben.

Auf dass wir die Männer so lieben, wie sie sind und sie ganz einfach männlich sein lassen.

Eure Sigrid☺

Persönliche Empfehlung:

Secrets sich selbst lieben lernen und sein Selbstbewusstsein stärken

ISBN 978-3-943729-37-5

Hast du dich auch manchmal gefragt: „Was unterscheidet die erfolgreichen und glücklichen Menschen, von den erfolglosen und unglücklichen Menschen?" Warum besitzen manche Menschen eine schon fast magisch, anziehende Ausstrahlung und Wirkung auf anderen Menschen und andere wiederum wirken unscheinbar und schon fast unsichtbar für dich? Was machen diese Menschen anders bzw. was macht diese Menschen aus? All das scheinbar unabhängig von Äußerlichkeiten, Erscheinung, Gewicht, Größe, Haar-und Augenfarbe, Alter und Status......*die Selbstliebe*

„Abnehmen leicht gemacht mit Hilfe der Lach CD"

Durch Lachen fit und gesund und vor allem mit Spaß schlank werden

EAN: 4280000292780

"Die ultimative Lach-CD"
10 Minuten Lachen = 30 Minuten Rudern oder Joggen, vom Kalorienverbrauch!

Hast du dir hin und wieder schon mal gewünscht, alles essen zu können und trotzdem schlank ohne Sport zu sein? Dann fragst du dich sicher: „Wie werde ich schlank ohne Sport? Wie kann ich....? - Effektiv abnehmen? - Erfolgreich abnehmen? - Richtig abnehmen? - Schlank und fit werden? - Leicht abnehmen? - Abnehmen ohne Diät? - Fit und gesund bleiben? - Schnell gesund werden? - 10 Kilo abnehmen? - Oder 5 Kilo abnehmen? - Schlank ohne Sport werden? - Noch leichter abnehmen? - Gesund und schlank bleiben? - In kurzer Zeit die Pfunde purzeln lassen? - Noch leichter abnehmen und dann auch weiter schlank und gesund bleiben? Mit der einzigartigen Lach CD ist das Abnehmen leicht gemacht. Du kannst dabei nicht nur erfolgreich abnehmen und schlank werden, du bekommst darüber hinaus auch noch eine faszinierende, betörende Ausstrahlung und Anziehung. Ob du nun 5 Kilo abnehmen möchtest oder 10 Kilo abnehmen möchtest, die Pfunde purzeln dank der sensationellen Wirkung dieser Lach-CD. Wir alle träumen vom Abnehmen ohne Sport, dabei gesund und schlank zu bleiben. Lachen ist gesund! Lachen steckt an!

Wie spreche ich eine Frau an - 10 Top Techniken mit Erfolgsgarantie!

Der perfekte Ratgeber, wie Sie als Mann die richtigen Fragen zum Kennenlernen stellen!

ISBN: 978-3-943729-39-9

Eine Frage, die uns Menschen seit Menschengedenken begleitet und gerade in der heutigen Zeit immer mehr an Bedeutung und Wichtigkeit gewinnt. In diesem Männer-Ratgeber "Wie spreche ich eine Frau an" werden dir 10 Top Techniken vorgestellt, welche bei richtiger Anwendung garantiert zum gewünschten Erfolg führen! In meiner langjähren Berufserfahrung als Beziehungs- und Singlecoach ergab sich bei Männern immer wieder die Frage: Wie spreche ich eine Frau an? So fragte ich einige tausend Frauen, wie sie denn angesprochen werden möchten? Des Weiteren habe ich dazu unzählige Männer nach ihrer Problematik "wie spreche ich eine Frau an" befragt. So ist dieser Ratgeber "Wie spreche ich eine Frau an" nicht nur aus einer Laune heraus geboren wurden. Sondern nach ganzheitlichen Fakten und Erfahrungen aus dem alltäglichen Leben entstanden. Sehr viele Menschen glauben noch immer, dass das wahre Liebesglück nur den schönen, reichen und intelligenten Menschen vorbehalten sei. Ich versichere dir aber, dass das ganz und gar nicht so ist. Der Ratgeber "Wie spreche ich eine Frau an" ist ausgelegt auf alle Menschen, unabhängig von Äußerlichkeiten, sozialem Status, Alter und der Intelligenz. Denn wahre Schönheit kommt von innen. Schon der Volksmund sagt: „Die Ausstrahlung macht`s!" "Wie spreche ich eine Frau an" gibt dir nicht nur sehr wertvolle Wegweiser und Techniken an die Hand. Er wird dadurch tatsächlich auch deine Ausstrahlung verändern und dich auf eine ganz bestimmte Art sehr anziehend machen.

Hier einmal ein paar kurze und zusammengefasste Auszüge aus "Wie spreche ich eine Frau an":

Der wichtigste Teil des Ratgebers besteht überwiegend darin, dass du erfahren wirst, wie die Frauen wirklich ticken. Jede dieser 10 Techniken erläutert ausführlich, was bei dieser Form des Ansprechens bei einer Frau passiert. Wir unterliegen nämlich alle ganz bestimmten Urinstinkten. Unsere Handlungen und Reaktionen erfolgen überwiegend aus unseren Urinstinkten heraus. So wie der Mann einem typisch männlichen Instinkt folgt, so folgt die Frau ihrem ganz typisch weiblichen Instinkt.

Wir Frauen wollen nicht verstanden werden. Wir wollen ganz einfach nur geliebt werden! So klärt dich dieser Ratgeber "Wie spreche ich eine Frau an" nicht nur über die Techniken auf. Er erklärt dir auch bis ins Detail das Warum und Wie der Frauen sehr verständlich und einleuchtend. Mit diesem Wissen wird die Frage "Wie spreche ich eine Frau an" ein Kinderspiel für dich sein. Du brauchst dich dabei auch nicht einmal mehr zu verstellen. Sei wie du bist, denn du bist einfach nur perfekt so! Darüber hinaus wird dir nicht nur in ganz einfachen Schritten aufgezeigt: "wie spreche ich eine Frau an", sondern auch noch "wie schreibe ich eine Frau an" bzw. „wie schreibe ich mit einer Frau erfolgreich"! Dein neu erlangtes Wissen wird dir nicht nur beim Thema "wie sprechen ich eine Frau an" die Wege frei machen. Auch in einer Beziehung wird es ein unvorstellbarer Vorteil für dich sein, zu wissen, wie die Frauen wirklich ticken. Das Thema "wie spreche ich eine Frau an" mag für den ein oder anderen ja noch kein Problem darstellen, doch wenn es um die richtige Kommunikation zwischen Mann und Frau geht und vor Allem um die richtigen Fragen zum Kennenlernen, spätestens da hapert es gewaltig bei den meisten. So hält sehr viele Männer die Angst vor einer Fortsetzung und dem Mangel an den richtigen Worten generell schon vom Ansprechen einer Frau überhaupt ab. Auch dieses Thema wird dank des Ratgebers "Wie spreche ich ein Frau an" Schnee von gestern für dich sein. Der Dank aller Frauen auf dieser Welt an die Männer, die diesen einzigartigen Ratgeber "Wie spreche ich eine Frau an" gelesen und verinnerlicht haben, wird euch garantiert sein.

"Wie spreche ich eine Frau an" ist ein absolutes "MustHave"(Pflichtkauf)"

**Gesetz der Anziehung = Seelenplan = Blockaden lösen
Chakrenausgleich für dich und deinen Seelenpartner**

**Verstehe die Botschaften, Visionen und Engel Zeichen
aus dem Universum!**

CD – Liebe anziehen

EAN: 4280000292834

Titel der CD:

1. Begrüßung/Einweihung (8.48)

2. Blockadenlösung/Chakrenausgleich für Dich (11.32)

3. Blockadenlösung/Chakrenausgleich für deine Herz-Seele (10.34)

4. Wirkung der positiven Veränderung und Anziehung in Liebe (2.38)

5. Anziehung der Liebe erfolgt jetzt (1.13)

Gesetz der Anziehung = Seelenplan = Blockaden lösen

Verstehe die Botschaften, Visionen und Engel Zeichen aus dem Universum!

Band 1 Liebe anziehen

ISBN: 978-3-943729-38-2

Erfahre alle über das Gesetz der Anziehung aus der Sicht vom Universum:Dieses Buch ist das machtvollste Buch das du jemals in deinen Händen gehalten hast.

Erfahre hier alle über deinen Seelenplan, über deine Seelenverabredungen mit anderen Menschen.

Nichts geschieht aus Zufall. Jedes Erlebnis, jede Situation so auch jede Begegnung und Trennung oder Distanz folgt einer ganz bestimmten Gesetzmäßigkeit.

Willst du endlich dein selbstbestimmtes Leben sowohl in der Liebe als auch im Beruf/Berufung führen, wird dieses Buch dein ultimativer Schlüssel dazu sein.

Ängste und Einsamkeit gehören so endlich der Vergangenheit an.

Deine Herz- und Gedankenenergie ist unvorstellbar machtvoll. Lerne sie ganz bewusst einzusetzen. So werden Trennungsschmerz, Liebeskummer, Krankheit und Mangeldenken für immer der Vergangenheit angehören.

Lerne auf dein Herz zu hören und lerne dabei wie du dem Ruf deines Herzens folgen kannst, ohne Angst und ohne Zweifel.

Ankündigungen:

für 2016

Gesetz der Anziehung = Seelenplan = Blockaden lösen

Verstehe die Botschaften, Visionen und Engel Zeichen aus dem Universum!

Band 2 Reichtum anziehen

ISBN: 978-3-943729-41-2

Band 3 Gesundheit anziehen

ISBN: 978-3-943729-42-9

Band 4 Glückliche & gesunde Kinder anziehen

ISBN: 978-3-943729-43-6

Karten über Ihn
Karten über Sie

Diese Karten beantworten dir deine Fragen und Unsicherheiten auf eine sehr klare und einzigartige Weise:

Fragen wie z.B.:

- Wird Er/Sie sich wieder melden?
- Darf ich Ihm/Ihr schreiben?
- Ist Er/Sie wirklich mein Seelenpartner?
- Denke Er/Sie an mich?
- Liebt Er/Sie mich wirklich?
- Kommt Er/Sie wieder zu mir zurück?
- U.v.m

Ab 2016 dann auch als App erhältlich ☺

Kontakt zur Autorin:

Sigrid Hornstein

www.elcaminopraxis.de

Über mich

Mein Name ist Sigrid Hornstein, seit vielen Jahren coache ich sehr erfolgreich Frauen und Männer gleichermaßen in ihren Themen der Liebe und in ihren Beziehungsfragen. Nach langjähriger Berufserfahrung in verschiedenen psychosomatischen Kliniken kam ich zu der Überzeugung, dass es auch andere Wege geben muss den Menschen wieder in sein Liebesglück, in seine harmonische Beziehung mit sich selbst und auch mit anderen Menschen zu begleiten. So entwickelte ich meine eigenen Programme und Therapieformen welche sich bereits in einigen anderen Kliniken und Praxen ebenfalls als bewehrt und sehr effektiv durchgesetzt haben und Anwendung finden. In den meisten Fällen wurde und wird der menschliche Urinstinkt (sprich die Mann- Frau- Rolle), völlig außer acht gelassen. Doch ganz genau hier liegt der Schlüssel zum Liebesglück und zu einer harmonischen Partnerschaft verborgen!

Deshalb ist es für mich elementar nicht nur Körper, Geist und die Seele miteinander in den Einklang zu bringen, sondern auch die menschlichen Urinstinkte leben zu lassen. Nur so, davon bin ich heute absolut überzeugt, werden wir die glücklichen Beziehungen haben, die wir uns so sehr wünschen. Über mein eigenes "Beziehungsdrama" kam ich dazu schon fast ein bisschen wie die Jungfrau zum Kind und machte mir die Rollenverschiebung von Mann und Frau sehr klar deutlich. Dazu kam, dass ich mich während meiner langjährigen Singlezeit selbst von der Problematik der Singles überzeugen konnte. Ich weiß also sehr genau von was ich da spreche. So verfüge ich über ausreichende Erfahrung sowohl in einer langjährigen Beziehung also auch als langjährige Singlefrau.

Dazu kamen unzählige Beratungen welche ich in meiner Praxis durchgeführt habe woraus ein deutliches Fazit zu erkennen war: Das Kennenlernen und Verlieben wird immer problematischer und schwieriger! So war es mir ein großes Bedürfnis auch einen Ratgeber für die Frauen zu schreiben. Mein Dank gilt auch den vielen tausend Männern welche mir mit ihren Erfahrungen ebenfalls verlässlich zur Seite gestanden sind. Besonders spannend war die vollkommene Übereinstimmung aller Männer, dass auch sie sich von ganzem Herzen eine Partnerin und eine glückliche Beziehung mit ihr wünschen. Ihr Fazit war es aber: Die Frauen haben sich sehr verändert und das macht die Männerwelt sehr unsicher...

Mit diesem Ratgeber für uns Frauen möchte ich die Umkehrung einleiten. Damit die Liebe und die Beziehung wieder Spaß machen...

Eure Sigrid Hornstein

"Wem der Himmel eine große Aufgabe zugedacht hat,
dessen Herz und Wille zermürbt er erst durch Leid."
(Meng Zi)